당신 곁에 늘 가까이 있는

주머니 속의 상담자

당신 곁에 늘 가까이 있는

주머니 속의 상담자

Susanna McMahon 지음 | 송길연 · 유봉현 옮김

Σ 시그마프레스

당신 곁에 늘 가까이 있는 주머니 속의 상담자

발행일 2008년 10월 10일 1쇄 발행

지은이 Susanna McMahon | 옮긴이 송길연, 유봉현

발행인 강학경 | 발행처 (주)시그마프레스

편집 김수미 | 교정 김성남

등록번호 제10-2642호

주소 서울특별시 마포구 성산동 210-13 한성빌딩 5층

전자우편 sigma@spress.co.kr | 홈페이지 http://www.sigmapress.co.kr

전화 02-323-4845~7(영업부), 02-323-0658~9(편집부) | 팩스 (02)323-4197

인쇄 성신프린팅 | 제본 세림제책

ISBN 978-89-5832-567-3

* 책값은 책 뒤표지에 있습니다.

역자 서문

학생 시절 역자는 "왜 사는가?"라는 질문에 한동안 빠져 있었다. 정의롭고 책임감이 강했으나 다정다감하지는 못했던 어머니를 가진 나는 사랑받지 못하는 아이였다. 아마도 삶이 힘들어서 그런 질문을 했을 거고 그 질문을 통해 정말로 묻고 싶었던 것은 "이렇게 사는 것이 내게 무슨 의미가 있는가?"라는 것이었을 거다. 다행히도 다른 선택을 하기엔 용기가 부족했기에 "왜 사는가?"라는 질문은 더 살면서 알아보기로 하고 "어떻게 살 것인가?"라는 질문에 매달렸다. 삶의 이유를 찾는 일이 쉽게 이루어질 일이 아니라는 것을 알고 그렇게 했지만 왜 살아야 하는지 이유를 모르고 방법을 찾는 일은 모순이기도 하다. 하지만 그 시기에 삶의 이유를 찾느라 쓸 시간적, 정신적 여유가 내겐 없었다. 내 삶의 이유에 대한 답은 얻지 못했지만 앞서 살다 간 사람들이 추구했던 가치들이 내 가치의 일부를 이루면서 지금까지 바쁘게 살아왔다. 아직도 왜 사는지는 잘 모르겠다. 내 나름대로 열심히 살 뿐이다. 만약 그때 이 책이 있었더라면 많은 도움을 받아서 더 건강한 삶을 살 수 있었을 거란 생각이 든다.

우리나라가 세계 10위권의 경제규모를 가진 나라로 성장하면서 먹고 살고 누리는 것은 전보다 한층 좋아졌다. 하지만 사람들의 마음까지 그만큼 행복해지지는 않은 것 같다. 어른만 그런 것이 아니라 자라고 있는 아이들도 그렇다. 많은 사람들이 자신이 가진 것보다 더 큰 것을 가지려 애쓰며 현재 상태에 만족하지 못하고 있다. 이 세상에 불가능은 없는 것일까? 만약 모든 것이 가능하다면 나는 왜 아직도 그것을 얻지 못했을까? 내가 능력이 없어서일까? 얻는 방법을 나만 모르기 때문일까? 모든 사람이 원하는 것을 다 이룰 수 있는 걸까? 원하는 것은 거의 다 가진 것 같은데 여전히 행복하다고 느껴지지는 않는다. 왜 그런가? 나는 악한 사람인가, 선한 사람인가? 왜 나는 좋은 사람과 사랑에 빠지지 못하는가? 우리의 질문은 끝이 없다.

이 책에는 80여 개의 질문이 있다. 이 질문들은 상담 상황에 있는 내담자들과 삶을 살아가고 있는 사람들이 자주 묻는 질문들이다. 물론 잘 살고 있을 때는 이런 질문들을 거의 하지 않는다. 이런 질문을 할 땐 뭔가 잘 안 되고 어려운 일이 있다는 것을 뜻한다. 책을 읽어 가면서 자신에게 특히 다가오는 질문과 답이 있을 것이다. 이제야 그 질문에 대해 마음을 열고 받아들일 준비가 된 것이다.

저자의 말대로 이 책을 읽는다고 삶의 문제가 저절로 해결되진 않을 것이다. 그러나 문제를 더 잘 이해하고 자신을 더 사랑하고 다른 사람과 더 나은 관계를 맺게 될 것이다. 그리고 살아 있는 한 계속될 어려움과 고통을 만나고 잘 떠나보내면서 우린 더 행복한 삶을 살게 될 것이다. 다만, 당신이 이를 믿고 실행한다면.

저자인 McMahon 박사가 세상을 잘 살아가는 데 중요하다고 생각한 것은 개인의 자존감 발달과 사회적 관심이다. 그는 먼저 자존감이 있어야 다른 사람과 건강한 관계를 맺고 사회적으로 잘 살아갈 수 있다고 본다. 그래서 우리가 겪는 많은 어려움은 자존감과 사회적 관심의 문제에서 시작된다. 누가 뭐라고 하든 우린 사랑받을 만하고 사랑받을 자격이 있기 때문에, 우리 자신을 위해 더 많은 관심과 시간을 써야 한다. 다른 사람에게 사랑과 관심을 구하지 말고 스스로를 사랑하는 일에 힘을 쏟아야 한다. 그래야 자존감을 갖게 되고 주변 사람들을 더 잘 더 건강하게 사랑할 수 있다. 지금 당신이 행복하지 않다면 지금 쓰고 있는 방법이 효과가 없다는 걸 의미한다. 왜 방법을 바꾸지 않는가? 자존감을 갖고 다른 사람들과 건강한 관계를 맺으며 잘 살고 있는 사람이 느끼는 것이 자연스러운 행복감natural high이다. 자연스러운 행복감이란 우리 자신과 다른 사람이 하나라는 걸 느낄 때 경험하는 것이다. 여러분도 자연스러운 행복감을 느끼는 삶을 살길 바란다.

이 책은 상담과 임상현장에서 일하고 있는 전문가들이나 그와 관련된 전공을 공부하는 학생들, 그리고 질문은 하지만 답을 찾지 못해 어려움을 겪는 일반 독자 모두에게 도움이 된다. 다른 어떤 책보다도 이 책을 번역하여 소개하게 된 것이 기쁘다. 혹시 자신의 종교에서 말하는 바와 입장이 다르지 않은가 싶어 걱정하는 독자께 전하고 싶은 말이 있다. 원고가 인쇄되고 교정을 볼 때쯤 역자가 영세를 받게 되었다. 그때 이 책의 내용과 신의 뜻이 서로 일치하지 않는 것이 아닌가 싶어 마음속으로 걱정하고 있었는데 마치 내 걱정을 알고 계신 것처럼 신부님께서 말씀 중에 "신께서는 너 자신을 먼저 사랑하라." 하셨다고 하셔서 얼마나 기뻤는지 모른다.

오랜 시간을 기다려 주신 (주)시그마프레스의 강학경 사장님과 편집 담당자께 감사드린다. 바쁜 중에 원고를 읽고 독자의 입장에서 탁월한 조언을 해 준 아들 유한경에게도 고마움을 전한다. 우리 부부의 스승이신 서봉연 선생님의 은혜에 감사드린다. 그리고 라이문도 신부님께 특별히 감사드린다.

역자들

저자 서문

나는 이 책을, 자주 의문에 휩싸이지만 그 답은 자신이 아니라 다른 곳에 있다고 생각하는 사람들, 그리고 자신에게 기대되는 역할과 일을 하면서도 중요한 어떤 것을 놓치고 있는 사람들을 위해 썼다. 사람들은 매일 아침 자리에서 일어나 일을 하고, 수많은 사소한 일들에 마음을 쓰며, 매일 밤 지쳐서 침대에 쓰러진다. 그리고 잠깐 시간이 났을 때 삶이 무엇인지 생각하고 있는 자신을 발견하게 된다. 이 책은 '뛰어난' 실행자이지만 존재의 기술을 잃어버린 사람들을 위한 것이다. 또한 '존재하기'에 대해 어느 정도 알고는 있지만 삶을 고양시키기 위한 얼마간의 도움과 격려가 필요한 사람들을 위한 것이기도 하다.

삶의 문제에 대한 답은 책에서 찾을 수 없다고 믿기 때문에 자기계발서self-help book를 읽어 본 적이 없는 사람들을 위해 이 책을 썼다. 나는 그들의 생각에 동의한다. 단지 책을 읽는다고 해서 해결책이 나오는 건 아니다. "왜 자기계발서는 내게 효과가 없는 걸까?"라는 질문에 대한 답은 이와 같은 물음에 대해 설명하는 103쪽에 나와 있다. 여러분 중 누군가는 여러분의 삶을 살지도 않고, 여러분의 감정을 느끼지도 못하는 다른 사람은 여러분의 문제를 이해할 수 없다고 생각하기 때문에 자기계발서를 전혀 읽지 않는다. 그것은 사실이다. 그러나 환경과 상처를 준 사건을 공유하지는 못하지만 우리를 괴롭히는 일에 대한 감정은 공유할 수 있다. 인간으로서 우리는 슬픔과 상실, 분노와 좌절, 무가치감과 실망감 모두에 연결될 수 있다. 이러한 연결은 공유될 수 있으며, 이 공유과정은 우리가 혼자가 아니고 연결될 수 있음을 가르쳐 준다. 이 책이 여러분이 읽는 첫 번째 자기계발서라면 이 책이 여러분에게 적합하다는 점과 이 책 안에 있는 답을 사용하여 여러분 자신의 답을 찾고, 여러분의 가치와 자존감을 찾는 걸 촉진하고, 여러분의 개인적 소속감을 증진시킬 수 있음을 알게 되길 바란다.

나는 또 여러분의 삶을 사는 비결이 어딘가에는 있으며, 만약 적절한 책을 찾을 수만 있다면 개인적 비결을 발견할 거라고 믿기 때문에 자기계발서를 읽는 여러분을 위해 이 책을 썼다. 그러나 나는 여러분이 모순paradox 개념을 다루도록 이끌 것이다. 삶의 비결 찾기가 갖는 모순은 그 비결이 없다는 점이다. 그 정보는 거기에 있고, 역사가 있어 온 이래 쭉 거기에 있었으며, 많은 통로를 통해야만 접근이 가능하다. 삶의 의미와 관련된 모든 신앙, 모든 철학, 모든 교리, 모든 심리학의 핵심에 존재의 의미가 놓여 있다. 너 자신에게 진실하라. 너 자신을 사랑하라. 너 자신의 가치와 훌륭함을 인정하라. 이런 것들은 간단한 개념이지만 이행하기는 쉽지 않다. 자기계발서의 급증은 자기 자신이 되는 것being oneself이 우리 문화에서 자연스럽게 일어나는 일이 아니라는 걸 증명한다. 불행히도 다른 어떤 사람이 여러분에게 자존감을 줄 수는 없다. 자기애self-love의 철학은 간단한 것 같이 들리지만 자기 가치를 획득하는 과정은 쉬운 게 아니다. 이 책은 여러분의 삶의 의미에 대한 탐색을 인정하며 아마 여러분이 하는 탐색 여행을 격려할 것이다. 우리는 삶의 의미를 '이해하기' 전에 옳은 답을 수없이 읽게 되지만, 우리가 이해한 최종의 답만이 우리 삶의 의미와 관련 있는 단 하나의 답이다. 계속 읽고, 계속 이해하고, 계속 시도하라. 나는 이 책이 여러분의 개인적 가치를 탐색하고 발견하는 데 도움이 되기를 진정으로 바란다.

나는 균형 있고, 정서적으로 건강하며, 자존감을 가진 사람들을 위해 이 책을 썼다. 이런 실망스럽고 혼란한 세상에서 우리는 절대로 충분한 격려를 받을 수 없다. 우리에게는 우리가 얻을 수 있는 모든 보상이 필요하다. 왜냐하면 자존감은 하나의 과정이지 고정된 목표가 아니며, 날마다 우리의 가치감과 자기애를 고갈시키는 새로운 도전, 힘든 대결, 고통, 상실이 생기기 때문이다. 새로운 문제에 부딪혔을 때 우리가 이미 해결한 모든 문제를 잊는 일은 얼마나 쉬운가. 우리의 외적 세계가 떨어져 나가는 것처럼 보일 때 우리 자신에 대한 믿음과 희망을 잃게 되는 것은 얼마나 쉬운가. 주위에 있는 어느 누구도 여러분을 사랑하지 않는 것처럼 보일 때 자신을 사랑하는 일은 얼마나 어려운가. 실수를 했을 때 자신을 꾸짖고 싶은 건 얼마나 당연한가. 이 책은 세상이 혼돈스러울 때 여러분 자신을 격려하고 여러분 자신에게 친절해지는 걸 배우는 일에 대한 책이다. 자존감은 과정이며 일용품이 아님을 인정하는 것이 이 책의 핵심 요소다. 자존감은 과정이기 때문에 절대로 충분할 수가 없다. 우리에게는 항상 격려해 주는 메모, 지지, 긍정적 보상이 필요하다. 나는 이 책이 이미 자신의 가치를 발견한 여러분에게 그것을 다시 기억나게 해 주기를 바란다.

나는 또한 자존감 개념과 자신을 사랑하는 일의 가치를 전혀 이해하지 못했던 사람들을 위해 이 책을 썼다. 여러분은 전에 이 단어들을 들었을 테지만 그 개념을 개인적으로는 전혀 이해하지 못했을 것이다. 어쩌면 여러분은 사는 데 너무 바쁘거나 몰입해 있었을지도 모른다. 하지만 어쨌든 여러분은 그 개념들을 이해하지 못했다. 아마 여러분은 자신을 사랑한다는 생각이 너무 간단하거나 비밀스러운 것이라고 생각했을지도 모른다. 아마도 여러분은 여러분 자신의 요구, 소속, 좋은 감정을 보살피는 것이 이기적이며 '자기중심주의 세대me generation(자기 위주로 생각하고 행동하는 현대의 젊은 세대를 이르는 말_역자 주)'가 하는 일이라고 느꼈을지도 모른다. 여러분은 곧고 좁게 살도록 훈련받았다. 그래서 여러분은 사회의 좋은 학생이 되고 사회의 규칙을 따르고 싶어 했다. 이 규칙들은 만약 주위에 있는 사람들이 여러분에게 하라고 말한 일을 여러분이 한다면,

즉 완벽해지기 위한 일들인 이타적이며 옳은 일을 열심히 한다면 여러분은 좋아질 것이라고 지시한다. 그래서 여러분은 그들의 지침을 따랐지만, 어쨌거나 어떤 식으로든 여러분은 좋지 않다. 무언가 잘못되고, 무언가 놓치고 있으며, 심지어 여러분은 이 사실을 인정하기조차 두려워한다. 여러분은 어디서부터 여러분의 인생을 고치기 시작해야 하는지도 모른다. 여러분의 삶이 여러분을 위해 움직이지 않고 있음을 시인하는 건 어렵다. 그러나 여러분이 혼자 있고 겉보기에 초라하게 느껴질 때 여러분은 혼돈되고 약해진다. 이 책을 읽으라. 여러분은 혼자가 아니며 그렇게 나쁜 위치에 있지 않다. 혼돈과 불확실성은 발견, 성장, 변화의 좋은 출발점이다. 나는 이 책이 여러분에게 자신의 의미, 자기 가치, 선함을 발견하는 일이 자신을 위해 할 만한 일이라는 걸 확신시켜 주기를 바란다. 이것은 여러분의 삶이고 그 삶을 의미 있게 살 수 있는 사람은 여러분밖에 없다.

무엇보다도 내가 해야만 했기 때문에 나는 이 책을 썼다. 나는 내가 가르친 것을 잊지 않고 실천하기 위해서 이 책을 썼다. 나는 질문-답변 형식을 선택했다. 왜냐하면 그것이 내담자에게 일어나는 치료적 과정과 가장 가깝기 때문이다. 이 책에는 언급된 사례연구가 없다. 사례연구 자체가 없기 때문이 아니고이 책에 있는 모든 질문은 질문을 한 많은 내담자들을 떠오르게 한다 독자가 답변에 더 많이 개인적으로 몰입되길 바라기 때문이다. 이 책에 있는 특정 질문에 관심이 있을 때 여러분은 자기 생활의 세밀한 부분을 채우고 자신의 상황에 그 질문을 적용할 것이다. 여러분 각자는 그 질문을 하는 자신만의 이유가 있다. 여러분 각자는 여러분 자신의 하고 싶은 이야기가 있다. 그리고 그 질문에 대한 정보를 가지고 무엇을 할지 어느 정도 결정할 것이다. 나는 이 책이 여러분을 위한 것이기를 바란다. 그 질문들이 여러분과 개인적으로 관련된 것이고, 답변들이 여러분에게 자기통찰의 기회를 주고 스스로의 대단한 가치와 선함을 인식하도록 이끌어 주길 바란다.

이 책에는 기저에 깔린 철학이 있다. 그것은 독창적인 철학이 아니다. 복잡하거나 어려운 철학도 아니다. 이 철학이란 여러분은 좋은 사람이고 여러분의 선함은 항상 여러분 안에 있다는 것이다. 여러분이 선해지기 위해 어떤 일을 해야 하는 건 아니다. 여러분은 선해지기 위한 일을 할 수 없다. 여러분은 이 선함을 획득할 수 없다. 그것은 이미 여러분 안에 있다. 여러분에게 필요한 일은 여러분의 선함을 인정하고, 자신을 믿고, 자신의 선함에 초점을 두는 것이 여러분이 할 수 있는 최선임을 믿는 것이다. 다시 말하면 선한 것은 타고난다. 선하게 사는 건 어려운 과업이다. 역설적이게도 이 선함을 부정하고 진정으로 악해지는 것은 더 고된 작업과 노력을 필요로 한다. 우리는 우리 자신을 선하게 인식하도록 훈련받아 오지 않았다. 우리는 마치 우리가 선하지 않은 것처럼 우리 자신을 비난하고, 판단하고, 모욕하도록 훈련받았다. 우리가 받은 훈련은 이미 너무 널리 퍼졌고 포괄적이기 때문에, 우리 안에 있는 선함을 인정하는 건 놀라울 수 있다. 그것이 이상하고 불편하게 느껴질 수 있다. 그러나 그것은 또한 자유롭고 매우 강력하게 느껴진다. 만약 의심스럽다면 이 작은 실험을 해 보라. 눈을 감고 자신에게 말하라. "나는 선하다. 나는 선하다. 나는 선하다." 여러분이 무언가를 느끼기 시작할 때까지 이 말을 계속하라. 여러분은 울고 싶어질지도 모르며, 어떤 두려움을 느낄지도 모른다. 그런 말을 하고 믿는 게 어렵다는 걸 발견할지도 모른다. 여러분이 받는 훈련이 좋은 것일수록 훈련은 더 어렵다. 여러분이 어떤 것을 느낄 때까지 계속하라. 여러분 자신의 선함을 인정하는 것이 옳다고 느껴질 것이다. 이것은 강력하게 느껴지고 여러분에게 영향을 준다. 여러분의 내적 선함을 인정하는 것이 자존감으로 가는 첫 단계다.

이 책은 빨리 읽고 책장에 꽂아 두는 책이 아니다. 오히려 이 책은 하나하나의 질문이 필요한 만큼 충분히 읽히도록 쓰였다. 이 책에는 83개의 질문과 답변이 담겨 있으며, 그것들은 네 개의 주요 부문들로 묶여 있다. 기저에 있는 이론과 그것과 관련된 모든 용어들이 첫 번째 부문에 기술되어 있는데, 이 부문의 질문들은 우리의 생에서 '규모가 큰' 또는 광범위한 쟁점들을 다루기 때문에 나는 이 부문을 철학 부문이라고 칭했다. 나는 독자들이 이 부문을 먼저 읽기를 권하는데, 왜냐하면 이 책 전체에 나오는 용어들을 이해하기 위해서 필요하기 때문이다. 두 번째 부문은 개념적이며 자존감self-esteem에 관한 이론과 실행에 대해 다룬다. 개인적이고 개별적인 문제들은 세 번째 부문에서 다룬다. 사회적 관심을 설명하는 네 번째 부문은 관계 및 관계와 관련된 쟁점들을 다룬다. '자연스러운 행복감'의 정의는 이 책의 가장 마지막 부분에 나타난다. 독자들은 이 책의 대부분이 자존감 학습을 다루고 있고, 나머지에서 사회적 관심을 다뤘음을 알게 될 것이다. 자연스러운 행복감은 마지막에 다루어졌다. 이것은 의도적인 것인데, 왜냐하면 자존감 학습은 사회적 관심을 발달시키는 데 필수적이기 때문이다. 또한 자연스러운 행복감은 자존감과 사회적 관심을 모두 갖고 있을 때만 나타난다. 이 책의 끝에 있는 참고도서 목록들은 이 책에서 언급한 개념들을 이해하는 데 공헌하거나 독자들이 관심을 갖는 특정 주제에 대해 더 많은 정보를 제공하는 것들이다.

앞서 언급했듯이, 이 책의 모든 답변들은 기본적으로 짧고 단순하다. 나는 짧게 답변하는 상담자들이 흔히 듣는 '지나치게 단순하며 피상적'이라는 비판을 예상하고 있다. 그러나 만일 내담자나 독자들이 그 답변의 내용을 내면화하기만 한다면, 나는 그 짧거나 단순한 답변이 결코 피상적이지 않을 거라고 믿는다. 답변의 길이나 난이도가 어떻든 간에, 내담자나 독자들이 주어진 정보를 자신을 변화시키는 데 결부시키지 않고 새로운 지식을 사용하지 않는다면, 어떤 치료자도 변화를 이끌어 내지 못할 것이다. 내 경험에 의하면, 기본적이고 단순하지만 관련 깊은 답변은 복잡한 답변보다 훨씬 더 자주 사용되고 내면화된다. 이제 독자들 개개인은 개인적으로 이해되는 답변들을 선택하고, 자신의 변화와 성장을 향해 어떤 정보를 유지하고 사용할 것인지를 결정하게 될 것이다. 이는 개인적인 과정일 수밖에 없다. 우리 개개인은 자신이 누구인지, 무엇이 중요한지, 어떻게 균형을 유지하고 완벽해지며 평화로워지는지를 스스로의 힘으로 발견하게 된다. 그러나 이것이 곧 우리 혼자만의 힘으로 그 일을 해야만 한다는 의미는 아니다. 우리는 내적인 평화와 의미에 대한 질문에서 어떤 필수적인 공통점을 공유하고 있다. 예를 들면, 내가 여러분의 약력을 알며 어떤 것이 여러분을 위해 작용했고 어떤 것이 작용하지 않았는지를 안다는 것이 바로 나에게 변화를 주지는 못할 것이다. 하지만 내 자신의 변화에 도움이 될 수는 있을 것이다. 여러분의 변화는 내가 나의 변화를 수행하는 걸 허용하거나 도움, 격려 등을 줄 것이다. 우리는 배우며 성장하고, 변화하며 공유한다. 진공 속에서 자존감을 발달시키는 일에는 도전이나 기쁨이 거의 없을 것이다. 자신을 사랑하는 일은 타인을 사랑하는 길로 향하게 할 것이다. 자신과 타인을 사랑하는 일은 기쁨과 만인에 대한 소속감, 즉 자연스러운 행복감으로 향하게 될 것이다.

이 책은 두 가지 이유에서 '주머니 속의 상담자' 라고 이름 지어졌다. 첫째로, 이 책은 우리가 어디를 가든 주머니 속에 넣어 가지고 다닐 수 있다. 둘째로, 우리는 어디를 가든 우리가 필요한 것을 갖고 다닌다는 점이다. 다시 말하면, 우리 각 개인은 자기 자신의 치료자가 될 힘을 갖고 있다. 우리는 우리 스스로에게 필요한 답변을 줄 수 있는 유일한 사람이며, 우리가 어떤 곳, 어느 순간에 있든지 간에 자신을 위해 그 답변이 작용하도록 할 수 있는 유일한 사람이다. 각 개인은 자기 자신의 삶에 대한 책임이 있다. 우리 각자는 자기 자신에게 가장 좋은 치료자이다. 우리가 좋은 치료자라면, 우리는 자기 스스로를 격려하고 용서하며 지원하고, 때로는 성장시키며, 필요하다면 스스로에게 엄격해질 수도 있다. 나는 이 책이 여러분을 도와 여러분 스스로가 훌륭한 주머니 속의 상담자가 되기를 소망한다.

감사의 글

이 책은 축적된 삶의 경험을 토대로 해서 썼기 때문에 이 책에 기여한 모든 이들에게 고마움을 전하기란 대단히 어렵다. 이 책에는 다른 사람들에 대한 언급이 거의 없다. 그것은 다른 사람들이 존재하지 않아서가 아니라 각각의 아이디어나 개념을 그것을 처음으로 생각해 낸 사람의 공으로 돌리는 일을 내가 정확하게 할 수 없기 때문이다. 배운 것에 대해 감사해야 할 사람이 너무 많기 때문에, 내가 아는 모든 사람들에게 감사하는 것으로 충분하기를 바란다.

나는 특히 나의 내담자들에게 감사한다. 내가 만났던 각 내담자는 내게 많은 걸 가르쳐 주었다. 무엇보다도 우리가 답을 향해 비틀거리며 함께 걸어갈 때 그들이 내게 보여 준 신뢰에 대해 감사한다. 나의 실수를 용서해 준 데 대해, 그리고 건강해지는 일을 꾸준히 계속해 준 데 대해 감사한다. 특히 건강해져서 건강해지는 일이 가능하다는 걸 증명해 준 사람들에게 감사하고 싶다. 그들은 내게 이 책을 쓸 자신감을 주었으며, 내가 고취한 것을 실천했고 여기에 제시된 생각들이 효과적이라는 걸 보여 주었다. 그리고 나를 고무시켰으며 그들 자신의 치료자가 되었다. 그리고 치료가 간단하고 효과적일 수 있음을 내게 가르쳐 주었다.

나는 또한 Timothy의 애정 깊은 지원에 감사하고 싶다. 그는 사회적 관심을 자연스럽게 실생활로 실천하고 있다. Elizabeth Haas와 Marcia Grant는 마드리드에서의 첫 번째 독자들이었으며, 그들의 강화와 도움은 매우 귀중하고 대단히 고마운 것이었다. 휴스턴의 Art Jago와 Janet Jago의 지지와 도움에 대해서도 똑같이 감사드린다. 책 내용을 컴퓨터 화면에서 내려 받아 책을 만드는 일에서 체제를 잡고 기술적 문제를 도와주며, 내 작업시간을 줄여 준 데 대해 Tom O'Daniel, Art Francia, 그리고 David Dean에게 감사한다. 나는 이 모든 일의 시작에 대해 우리 어머니께 감사하며, 나를 믿어 주고 책을 좋아해 준 나의 딸들 Jennifer, Kelly, Catherine에게 감사한다. 마지막으로 이 책이 출판되도록 매우 열성적으로 애써 준 데 대해 나의 에이전트인 Margret McBride, 델 컴퓨터에 근무하는 편집자인 Trish Todd에게 감사하고 싶다.

차 례

I 철학적인 이슈

II 개념적인 이슈

III 개인적인 문제

IV 대인관계 이슈

I

철학적인 이슈

나는 누구인가?

이 질문은 바로 우리의 존재에 대한 질문이다. 이 질문은 여러 수준에서 답해질 수 있기 때문에 어떠한 답이라도 철학적, 윤리적, 정신적 또는 행동적 관점을 어느 정도 포함한다. 우리는 우리가 받은 훈련과 경험으로 이루어진 부분, 우리가 갖는 희망, 성취, 실패로 이루어진 부분, 어떤 더 높은 힘이나 삶의 동력force과 연결된 부분으로 이루어져 있다. 우리는 우리가 신체, 마음, 영혼을 가진 걸 알고 있으며, 종종 우리 자신의 이런 측면들 중 하나에 관해 이 질문을 한다. 우리는 우리가 보는 방식, 생각하고 아는 것, 느끼는 방식, 하는 일과 관련해 자신을 정의하는 경향이 있다. 보통 우리는 자신의 모든 부분을 하나로 묶어서 전체로 응집시키는 걸 어려워한다.

상담 중에 이 질문을 할 때는 항상 어떤 고통이 있을 때다. 이 질문에 대해 치료적인 대답을 하기 위해서는 역할, 외모, 교육, 지위와 재정적 가치, 다른 사람과 관계를 맺는 능력 등과 같은 외적인 요인들을 넘어 이 질문을 하게 된 근원적인 이유로 가야만 한다. 당신이 누구인가를 묻는 동기는 거의 언제나 당신이 느끼는 불안전감insecurity의 양과 관련이 있다. 불안전감은 당신 자신을 의심하는 걸 의미한다. 불안전감은 당신이 누구이고 무엇을 하는 사람인지 확신하지 못하게 만들고 그 결과 자신을 알지 못하게 한다. 만약 당신이 자신을 알지 못하고 믿지 않는다면 어떻게 사랑할 수 있는가? 그러므로 불안전감은 자존감self-esteem이 낮거나 없는 상태로 정의될 수 있다. 자존감은 자신을 사랑하는 걸 의미하기 때문이다.

우리들 대부분은 우리 자신과 다른 사람과의 차이를 알아봄으로써 "나는 누구인가?"에 대한 답을 찾으려 한다. 우리는 비교하고, 비판하고, 판단한다. 그리고 우리가 왜 그렇게 상실감을 느끼는지 궁금해한다. 하지만 우리 자신을 찾기 위한 답은 모순되게도 우리와 다른 사람들 사이에 유사한 면이 있다는 걸 발견할 때 일어난다. 그 답은 사회적 관심social interest이다. 당신이 어떤 사람과 함께 공유하고 있는 동질성이 더 많을수록 당신은 더 많은 소속감을 느낄 수 있다. 더 많은 격려를 주고받을수록 당신은 더 많은 안정을 이룬다.

그러므로 이 첫 번째 질문을 하는 이유에 대한 대답은 자존감과 사회적 관심의 발달에서 찾아진다. 이 두 속성을 발달시키는 방법은 다음 질문들에 대한 답에서 찾아질 것이다.

삶의 의미는 무엇인가?

이 질문을 철학적으로가 아니라 상담적으로 다룰 수 있는 단 하나의 방법은 "내 삶의 의미는 무엇인가?" 또는 "나에게 삶의 의미는 무엇인가?"로 질문을 바꾸는 것이다. 질문을 개인화함으로써 우리가 다룰 수 없는 추상적인 질문을 다룰 수 있는 좀 더 구체적인 질문으로 바꾸었다. 우리들 각자는 지금 무엇을 중요하게 생각할지와 삶의 중요한 요소들의 우선순위를 어떻게 매길 것인가를 선택할 수 있다.

삶의 의미는 주관적이기 때문에 각 개인 안에서 찾아야만 한다. 그 답은 외적인 요소에서 찾아질 수 없다. 다른 사람에게서 찾을 수도 없다. 불행하게도, 그것은 책의 형태나 치료의 형태로 우리에게 주어질 수도 없다. 다른 사람이 해 줄 수 있는 최선의 역할은 안내자로서 새로운 방향을 말해 주고 아마도 깨달음을 가져올지도 모를 새로운 자료들을 제공하는 일이다. 다른 사람들은 우리가 새로운 관점을 배우도록 돕고 우리 스스로는 생각하지 못한 선택을 제시할 수도 있다.

삶의 의미에 대한 답은 당신 자신을 탐색하는 일 안에서 찾을 수 있다. 당신의 삶에 의미를 부여하는 사람은 바로 당신이다. 탐색되지 않은 삶은 삶이 아니다. 기껏해야 그것은 삶의 한 부분일 뿐이다. 당신 자신당신 삶에 대한 이러한 탐색은 아마도 일생일대의 작업이 될지도 모른다. 그 일은 어렵고, 고통스럽고, 많은 용기를 필요로 한다. 당신이 누군지 그리고 당신의 삶이 어떤 것인지 알아보기 위해서는, 당신 자신을 실제로 보기 위한 객관적인 '눈'을 가져야 한다. 그건 생활의 고통을 피하기 위해 당신이 갖고 있는 신화, 환상, 기대를 버려야 한다는 걸 의미한다. 당신은 기꺼이 고통에 맞서고, 방어벽을 버려야 한다. 그것은 어려운 일이다. 그리고 대부분의 탐색이 그렇듯이 개입, 격려, 에너지를 포함한다. 그 길을 따라서 당신은 사랑의 기술처음에는 자신에 대한, 그다음에는 다른 사람에 대한을 배우게 된다. 자신과 자신의 삶에 대한 이러한 탐색의 결과로 당신은 전체적으로 균형 있게 존재하는 기술을 배우게 된다. 당신의 모든 측면들정신적, 정서적, 영적, 상호작용적은 조화를 이루고 함께 작용하게 되며, 당신 자신과 자신의 세계에 대해 마음이 더 편해지게 된다.

항상 주어지는 일상에서 용기 있는 작은 행동을 하는 것에서부터 삶의 의미 찾기를 시작하는 게 삶을 탐색하는 과정에 도움이 된다. 삶은 순간을, 과거나 미래가 아니라 여기와 현재를 사는 것임을 인식하는 일도 도움이 된다. 과거로부터 미래로 '시간 건너뛰기time jumping' 하는 걸 멈추고 현재에 초점을 두기 위해서는 용기 있는 행동이 필요하다. 시간은 대체할 수 있으나 돈은 그렇지 않다는 생각을 완전히 반대로 바꾸고, 그렇게 바꾼 생각에 따라 생활하는 데는 용기가 필요하다. 왜냐하면 그 일은 우리가 살고 있는 서구사회의 가르침을 거스르게 되기 때문이다.

삶의 의미는 모순paradox, 실천practice, 유머humor 개념의 이해에서 발견된다. 삶은 모든 수준에서 모순적이다. 그리고 이 개념은 다음 질문에서 설명된다. 두 번째 개념인 실천을 이해하는 가장 좋은 접근은 연극theater 메타포를 사용하는 것이다. 이번의 삶은 뒤따라올 삶의 리허설rehearsal이다. 그리고 리허설은 배우기 위한 실수를 허용하는 과정이다. 만약 당신이 운좋게 좋은 지도를 받고 있다면, 배우는 동안에 격려를 받을 것이다. 그러나 연극과는 달리 우리는 언제 마지막 수행이 일어날지 모른다. 리허설하기—그 과정—가 우리의 수행이 된다. 삶life이 과정을 뜻하는 것과 마찬가지로 생활living은 실천하기practicing를 의미한다. 세 번째 개념인 유머는 우리가 삶과 죽음, 온전한 정신과 광기, 선과 악의 모순과 함께 살아갈 수 있도록 해 주는 다리를 제공한다. 유머를 사용함으로써 우리 자신을 웃어 넘기고, 다른 사람들과 함께 웃음으로써 우리는 삶이 그렇게 심각하거나 중요하거나 참을 수 없는 것이 아님을 배울 수 있다.

모순의 의미는 무엇인가?

앞에 나온 답에서 모순paradox이라는 용어가 자주 언급되었다. 모순의 사전적 정의는 "서로 일치하지 않고, 믿을 수 없거나 불합리하게 보이지만 실제로 사실일 수 있는 진술. 일상적 경험과 불일치하는 어떤 것." Webster's New World Dictionary이다. 한 사람의 기대와 반대되는 사건도 모순이라고 덧붙일 수 있다.

잘 사는 일에 관한 모든 것이 우리가 훈련받아 온 내용과 모순되는 것처럼 보인다. 예를 들면, 우리는 자신을 사랑하는 것은 잘못이거나 위험하며, 만약 우리가 자신을 사랑하면 아무도 우리를 사랑하지 않을 것이라고 믿도록 훈련받았다. 하지만 이것은 모순이다. 왜냐하면 우리 자신을 사랑할수록 다른 사람에 대한 사랑이 더 많이 생겨나고 다른 사람으로부터 더 많은 사랑을 받기 때문이다. 마찬가지로, 우리 자신의 욕구와 소망을 더 많이 돌볼수록 다른 사람들이 우리 주위에 더 많이 있고 싶어 하고 우리를 더 많이 돕는다. 말하자면, 훈련받은 대로 자신은 배제하고 다른 사람들만을 돌볼수록, 우리는 우리 자신과 돌보아지는 사람 모두에 대해 더 많은 분노를 갖게 된다. 우리가 받은 훈련은 또 다른 모순을 갖는다. 자신이 안전하다고 느낄수록 당신은 주위 사람들에게 더 많이 솔직해질 수 있고 그들의 설득을 더 잘 받아들일 수 있으며, 그로 인해 다른 사람들이 당신에게 더 많은 권한을 주게 된다. 우리는 자신을 방어하고 보호하도록 배웠고, 약하게 보여서는 안 되며 그렇지 않으면 다른 사람들이 우리를 이용할 것이라고 배웠다. 하지만 실제로는 그 반대의 일이 일어난다.

모순을 이해하는 가장 쉽고 빠른 길은 유머를 사용하는 것이다. 유머를 사용해 자기 자신에 대해 웃어넘기고 다른 사람과 함께 웃어라. 무엇이든 그렇게 심각하게 받아들이지 말라. 그것은 모두 게임이고 우리는 모두 게임을 하는 사람들이다. 우리가 그 게임을 즐기고 놀 때 저절로 우리는 일류가 될 수 있다. 이것이 삶의 모순이다. 그것을 즐겨라.

무엇이 세상을 그렇게 미치게 만드는가?

우리는 심각한 문제를 나타내 보이는 사람들의 수가 잘 살고 있는 사람들의 수보다 더 많은 시기에 살고 있다. 아마도 지금이 문제 인식의 초점을 개인 자신으로부터 사람들이 받아 온 훈련으로 옮기는 시기일 것이다. 세상은 미쳤다. 왜냐하면 우리는 어떻게 존재하고, 어떻게 살 것인지, 그리고 무엇이 중요한지를 미친 듯 훈련받았기 때문이다. 서구 문화는 실행모델doing model로 생각될 수 있는 모델을 채택했다. 그것은 직선straight line으로 개념화될 수 있다. 왜냐하면 명백하게 선형적linear으로 표면화되기 때문이다. 그것은 초기 미국의 노동윤리로부터 유래했기 때문에 노동과 관련되며, 목표 달성하기와 외적 보상 얻기를 목표로 한다. 출생에서부터 그 모델—직선—은 시작되고 출생 다음에 오는 각 단계들은 성취로 표시된다. 앞을 향한 각 단계는 어떤 새로운 것, 즉 학위, 진급, 결혼, 더 큰 집, 더 많은 자동차, 더 많은 재산 등을 얻는 것을 의미한다. 각 단계는 성취한 게 보다 적었던 이전 단계 그리고 보다 더 많아진 다음 단계와 비교될 수 있다. 그리고 마지막 목표에 도달하기까지 항상 또 다른 목표가 있다. 마지막 목표는 죽음이 아니라 은퇴이다. 이 모델은 일work이 없는 인생에 흥미를 잃게 되면서 멈추게 된다. 이 모델은 인생이 일이라고 암시한다.

모델의 기저에 깔려 있는 철학이 결정한 바로 그러한 특성은 이 모델이 경쟁적이고, 판단적이며, 성취지향적이고, 삶을 외적으로 보상하는 체계라는 걸 의미한다. 문제는 이 모델이 삶의 한 측면에 대한 모델이며, 사람에 초점을 두기는 하지만 삶의 모든 측면에 적용하기에는 끔찍한 모델이라는 점이다. 우리는 하나의 모델을 모든 삶에 일반화해 왔다. 영적, 정서적, 상호작용적, 신체적 영역에서 우리는 목표지향적, 경쟁적, 판단적, 외적으로만 초점을 맞추었으며, 노동 없이는 어찌할 바를 모르게 되었다. 세상이 미치광이처럼 되었기에 우리가 그렇게 어찌할 바를 모르는 건 당연하다.

우리에게 필요한 일은 우리가 받았던 부적절한 훈련 때문에 자신을 비난하는 일을 멈추고 다른 삶의 모델을 활용하기 시작하는 것이다. 극동아시아far eastern의 철학과 종교는 수 세기 동안 모델을 발전시켜 왔는데 그것은 존재모델model of being로 생각될 수 있다. 이 모델을 시작과 끝이 없이 안으로 향하는 나선형의 원으로 생각하라. 이 모델에서 '더 나은' 곳은 없다. 단지 이 모델에 근거해 존재하는 것만으로 충분하다. 사실상 존재로 충분하다. 이 모델은 원형circular이기 때문에 계속해서 재순환한다. 그것은 당신이 이전에 있던 곳으로 되돌아가는 걸 의미한다. 그러나 그 모델은 안으로 향하기 때문에 정확하게 전과 같은 곳에 있는 건 아니다. 당신은 항상 변화하며 당신이 인식하고 있는 모든 것은 당신의 변한 눈으로 보면 처음 보는 것이다. 이미 알려진 목적이 없기 때문에, 그 목적을 달성하기 위한 목표가 있을 수 없다. 그러므로 여행이 목표이다. 중요한 것은 길에 존재하며 최종 목적지에 있는 게 아니다. 그리고 당신이 그 모델에서 존재하는 곳이 당신이 존재하는 곳이고, 다른 어떤 사람이 있는 곳과도 비교되지 않기 때문에 그곳에는 경쟁이 없다. 판단하는 사람이 없기 때문에 판단도 없다. 그래서 이 모델은 수용모델model of acceptance이 된다.

서구의 실행모델은 대부분의 사람들이 그 모델로는 얻을 수 없는 목표를 달성하길 바라는 모순적인 모델이다. 평화와 균형, 그리고 내적인 힘은 목표지향적 모델이 아닌 극동아시아의 존재모델을 활용할 때 찾아진다.

존재모델은 우리가 더 익숙한 실행모델과 정반대이기 때문에 사용하려면 훈련이 필요하다. 그러나 이 극동아시아의 모델이 당신 삶에서 유일한 모델이 될 필요는 없다. 교육과 승진 같은 당신 삶의 어떤 영역에서는 실행모델을 사용하고, 나머지 삶에서는 존재모델을 사용할 수 있다. 한 가지 경고를 한다면 존재모델의 사용이 매우 좋은 쪽으로 중독될 수 있다는 점이다. 실행모델에서 뛰어내려 다른 모델을 경험하는 데는 어느 정도의 신뢰와 약간의 신념 도약이 필요하다. 당신은 항상 뒤로 도약할 수도 있음을 기억하라. 당신은 항상 당신이 알고 있는 모델로 돌아가는 걸 선택할 수 있다. 그러나 먼저 그것이 당신을 위해 힘을 다하는지 물어보라. 당신은 미치는 걸 멈추기 위해 알아야 할 것이 무엇인지 아는가? 만약 그 답이 "No"라면 도약하라.

왜 이렇게 많은 고통이 있는가?

삶은 고통으로 가득 차 있다. 지금까지 고통이 없었던 장소와 시간은 없었다. 고통 속에 태어나고, 고통 속에 살며, 고통에 둘러싸여 죽는 게 삶의 현실이다. 그리고 비록 우리 자신이 고통을 느끼지 못한다 하더라도, 우리는 다른 사람들에게 고통을 주고 있다. 삶의 바로 그러한 특성이 고통이 있게 만든다. 우리가 삶에 대해 알고 있는 것과는 달리 고통 없는 삶은 있을 수 없다.

그러나 이 질문을 했을 때, 치료적인 답은 위에 있는 철학적인 답이 아니다. 실제로 묻는 질문은 "나는 왜 삶의 고통을 받아들일 수 없는가?"이거나 "나는 왜 고통이 그렇게 두려운가?"이다.

앞의 질문에서 참고한 실행모델은 수용을 가르치지 않는다. 오히려 더 많이 하고 더 잘함으로써 어떤 것이든 성취할 수 있다고 암시한다. 실행모델은 1) 당신의 운명은 당신이 통제하며 따라서 당신과 당신 주위에서 일어나는 일에 대한 책임은 당신에게 있고, 2) 만약 당신이 고통 속에 있다면, 당신이 무언가 잘못하고 있는 것이며, 3) 만약 당신 주위의 사람들이 고통스럽다면, 그들이 고통을 받지 않도록 돕기 위해 당신은 무언가를 해야만 한다고 암시한다.

존재모델은 수용모델로 불려 왔다. 수용하기는 실행모델 안에서 자라고 훈련받은 우리와 같은 사람들에게 아마도 가장 어려운 과제 중 하나일 것이다. 고통 수용하기는 도전이고 큰 힘을 필요로 한다. 필요하거나 수용할 수 있는 고통인지, 불필요하고 수용할 수 없는 고통인지를 구별하는 것은 어려운 일이며, 그것은 나중에 다룰 것이다.

모순적이게도 주의했든 부주의했든 간에 우리가 고통을 야기했다는 사실을 빨리 받아들일수록 불필요한 고통을 덜 야기한다. 우리가 이 세상의 고통을 바꿀 수 없다는 걸 빨리 받아들일수록 우리의 고통은 줄어든다.

당신이 고통을 바꿀 수도 없고 바꾸지도 않는다는 걸 알고, 고통을 받아들이면서 여전히 당신이 할 수 있는 최선을 다한다는 것은 영웅적인 일이다. 고통을 알고 느끼면서도 비관적이거나 무기력해지거나 고통의 두려움으로 마비되지 않고, 당신 자신을 위해서, 그 순간을 위해서 할 수 있는 최선을 다하는 것 또한 영웅적인 일이다. 고통에 대한 이해 없이 또는 당신의 결백함을 설명하고 정당화할 필요 없이, 어깨를 뒤로 당기고,

높은 곳을 보며, 고통이 가득한 세상으로 걸어 들어가는 일은 초영웅적인 일이다. 영웅이 되기 위해서는 자존감과 사회적 관심이 필요하다. 자존감과 사회적 관심을 갖기 위해서는 삶이 고통을 포함한다는 현실을 받아들일 수 있어야만 한다.

왜 나는 그렇게 두려운가?

공포는 생의 초기에 나타나는 가장 기본적인 정서 중 하나이다. 공포는 종種의 생존에 필요하고 영아의 생존에 중요하다. 첫 번째 공포인 유기공포fear of abandonment는 모든 인간이 타고난 것으로, 영아가 만약 유기된다면 생존하지 못하므로 현실적인 공포이다. 만약 영아나 어린 아동이 취약한 아동기 동안에 유기되지 않고 충분히 안전을 제공받는다면, 유기공포는 보통 감소될 것이다. 거부공포는 유기공포의 한 요소로 생각될 수 있다. 대부분의 공포들은 유기의 결과로 생기는 일차적인 비활동, 즉 죽음의 공포로 거슬러 올라가 연관된다. 죽음, 공포, 유기, 거부는 모두 무력함이나 통제 상실을 나타낸다. 우리는 통제할 수 없는 것을 두려워한다.

또한 우리는 알지 못하는 것을 두려워한다. 모르는 것을 어떻게 통제할 수 있는가? 공포는 종종 불안전감의 동의어다. 우리의 통제를 벗어난 세상에서 어떻게 안전감을 느낄 수 있는가? 고통으로 가득 찬 세상 안에서 어떻게 두려워지지 않을 수 있는가?

공포는 고통과 비슷하다. 그것은 삶의 한 부분이다. 그러나 공포에 대한 공포는 활동을 막고, 모험, 탐색, 도전, 영적 성장이 없는 삶을 살게 한다. 공포는 악순환을 낳을 수 있다.

세상 안에서의 안전감 상실 = 공포,
공포 = 내적 불안전감,
내적 불안전감 = 자기에 대한 공포,
자기에 대한 공포 = 통제 상실,
통제 상실 = 무력하게 만드는 공포,
무력하게 만드는 공포 = 세상 안에서의 안전감 상실.

두려워지게 되는 걸 두려워하는 것은 처음부터 두려워서 피하게 만드는 심각한 결과를 가져올 수 있다.

용기의 정의는 '공포를 느끼지 않는 것' 이 아니다. 오히려 용기는 공포를 느낌에도 불구하고 어떤 일을 하는 걸 의미한다. 두렵지 않은 일을 하는 건 용기 있는 게 아니다. 만약 우리가 두려운데 그 일을 한다면, 우리는 영웅적인 일을 하는 것이다. 역설적이게도, 두려울 때에는 실행을 많이 할수록 공포가 더 줄어든다. 두려워서 실행을 적게 할수록 공포가 우리를 지배하는 힘은 더 커진다.

공포를 느끼는 것, 그것이 인간이다. 공포를 느낀다는 것이 우리가 약하거나 무력하다는 걸 의미하지는 않는다. 당신이 느끼는 공포는 기분일 뿐이고 당신의 행동이 성격을 결정한다. 당신의 공포를 인정하고, 비판 없이 공포를 받아들이고, 두려우니까 당신 자신에게 친절하라. 그리고 어떻게든 당신이 해야 할 일을 하라. 공포를 헤쳐 나가는 것이 진정으로 용기 있는 행동영웅적인 방식임을 기억하라.

불안하고, 질투하고, 소유욕이 강하고, 우울하고, 비참한 것은 '비정상' 인가?

만약 당신이 '정상' 을 일반 표준norm이라고 정의한다면, 이 질문에 대한 답은 '정상이다' 가 맞다. 내가 아는 대부분의 사람들에게서 불안, 부러움, 오만, 탐욕, 소유, 우울 등을 보는 건 정상적이다. 우리의 역기능적 특성과 상태 중 많은 것이 우리가 보통 '인간다운 상태human condition' 라 부르는 것들이다. 아마도 우리의 많은 병들이 실행모델model of doing의 훈련 결과라고 말하는 것이 더 적절할 것이다. 그것을 극복하고 올바른 생활을 하기에는 우리들 중 너무 많은 사람들이 부적절하고 잘못된 체계의 착실한 모범생이었다.

우리는 우리가 느끼는 감정이나 감정을 느끼는 방식이 우리 책임이 아니라고 배웠다. 우리는 부적절한 행동에 대해 "이거 원, 그가 얼마나 흥분했는지 아시죠?"라거나 "지금은 그녀가 좋지 않은 시기이기 때문에 그녀의 잘못이 아니에요."와 같은 말로 양해를 구한다. 우리는 감정이 우리를 통제하고, 다른 사람의 행동이 우리를 통제하며, 우리의 반응은 우리의 통제 아래 있지 않다고 믿도록 훈련받았다. 우리는 "너 날 화나게 하지 마.", "네가 하는 일이 날 질투하게 만들어." 또는 "그들도 그들 자신을 어쩔 수 없기 때문에 난 그들에게 화를 낼 수 없어." 또는 "원하는 대로 되는 게 아무것도 없어서 세상이 날 우울하게 만들어."라는 말을 얼마나 자주 듣거나 말하는가. 우리의 행동과 감정에 대한 우리의 책임을 우리의 통제 밖에 있는 다른 사람이나 사물에게 돌린 이와 유사한 수많은 예들이 있다.

'너는 네가 행한 것이다' 라는 모델은 목표를 달성할 수 있기 위해서는 자신의 운명을 통제할 수 있어야 할 뿐만 아니라 주위 사람들의 운명도 통제할 수 있어야 한다고 암시한다. 그 모델은 우리 자신을 어떻게 통제하는지, 우리의 책임이 무엇인지를 가르쳐 주지는 않는다.

만약 당신의 목표가 균형을 이루고, 책임 있게 행동하고, 삶의 광기를 놓아 주고, 자존감을 배우고, 사회적 관심을 실행하는 거라면, 당신은 이 세상의 수많은 불쌍한 사람들 중 한 사람인 것에서 작은 위안을 발견할 것이다. 동병상련일 수 있지만 우리들 중 얼마나 많은 사람이 비참함—특히 비참함이 불필요할 때—을 사랑하는가. 불필요한 고통은 우리 자신의 불안전감에서 나온 고통이다. 불안전감은 어른에게 필요한 조건이 아니다. 그것은 성숙성을 해친다. 많은 다른 병들과 함께 소유욕, 질투,

우울은 필요하지도 않고, 또 우리가 얼마나 실행모델을 잘 배운 뛰어난 학생이었는지를 확인시켜 주는 것을 제외하곤 어떤 긍정적인 목적에도 기여하지 않는다. 이 세상에는 정복할 수 없는 현실적인 고통들이 충분히 있다. 더 많은 고통을 만들어 낼 필요가 없다. 우리 자신에 대해 안전감을 느끼는 걸 배움으로써 일상생활에서 불필요한 고통, '정신적 상처를 주는 드라마trauma dramas' 를 제거할 수 있다.

왜 인생은 공평하지 않은가?

'인생이 공평하지 않다'는 현실은 내담자들에게 가장 받아들이기 어렵고 고통스러운 걸로 보인다. 아마도 우리의 서구 선형모델이 세상은 공평하며 당신이 충분히 열심히만 한다면 목표를 성취할 거라고 암시한 게 그 이유일 것이다. 미국 건국의 배경이자 이상인, 모든 사람에 대한 평등성과 공평성의 가치는 그것이 이 세상을 움직이는 방식이어야 한다고 생각하도록 만들었다. 이유가 무엇이든 간에 그 사실은 우리가 이 세상이 공평한 것이길 바라게 했다. 우리는 구체적인 어떤 대상에 의지할 수 있길 바라고 우리의 안전, 안정, 안녕에 대한 어떤 보장을 바란다. 이런 보장이 존재하지 않는다는 사실이 우리가 그것들을 원하는 것까지 막지는 못한다. 우리의 방어기제, 착각, 부정denial의 많은 부분이 인생이 불공평하다는 사실을 받아들이지 않는 것과 관련 있다.

인생은 공평하지 않다. 왜냐하면 '공평함' 이란 가치판단이기 때문이다. 이 말은 공평하다는 게 주관적임을 의미한다. 그것은 누가, 무엇을, 언제, 왜 평가하는지에 따라 달라진다. 오늘 나에게 공평한 것이, 내일은 혹은 다른 상황이나 다른 사람들에게는 더 이상 공평하지 않을 수 있다. 하나의 예로, 승진하려고 열심히 노력했지만 나는 하지 못하고 다른 사람에게 주어진 승진은 나에게는 공평하지 않다. 하지만 다른 사람의 관점에서는 대단히 공평하다. 공평하지 않다는 나의 생각에 다른 사람이 동의한다 하더라도, 다음 달에는 그 자신이 많이 애썼다는 걸 믿음으로써 공평성을 정당화할 것이다.

인생이 공평하지 않다는 개념의 중요성은 그 설명에 있는 게 아니라 그 개념의 수용에 있다. "왜 그러면 안 돼?"라는 질문은 사람을 미치게 하는 질문이다. 왜 인생이 당신에게 공평해야 하는지에 대한 이유들이 항상 있게 되고 당신은 공평하지 않은 어떤 일이 다시 일어났기 때문에 방어하고, 부정하고, 싸우고, 우울한 시간을 보낼 수도 있다. 불공평의 큰 이슈인 삶과 죽음에 관한 이슈는 납득할 수 있는 방식으로 절대로 설명되지 않을 것이다. 당신이 사랑하는 사람이 죽어 갈 때 '왜' 라는 질문에 대한 답은 없다. 우리는 어떻게—암, 심장병, 다른 질병, 사고—는 알게 되지만 그 이유는 절대로 알지 못할 것이다. 그럼에도 불구하고 역기능적인 행동들을 가져오는 그 이유를 깊이 생각한다. 이것은 수용과 애도와는 매우 다른 과정이다. 슬픔은 결국 끝난다. 그것은 자연스러운 과정이다. 이유를 알고 싶어 하는 일은 절대로 끝나지 않는다. 그것은 비생산적이다. 어느 시점에서는 이유를 떠나보내고, 현실을 받아들이고, 생활을 계속해야만 한다.

세상을 공평하게 만들려는 시도는 해롭고 자기 패배적이다. 많은 선인good-natured person들이 세상의 불공평함을 모두 고치려고 애쓰면서 다닌다. 이들 중 일부는 우리가 상호 종속적인 사람들codependents이라 부르는 사람들이고, 일부는 살아 있는 순교자이지만 진정한 성인은 거의 없다. 상호 종속적인 사람들과 살아 있는 순교자들은 분노, 원한, 시기, 불안으로 가득 차 있기 쉽다. 세상은 공평하지 않다는 개념을 수용하지 않는 것은 괴로움, 불행, 불필요한 고통을 만들며 성장 가능성을 방해한다. 이것이야말로 진짜 불공평하다!

여기에서의 모순은 인생이 공평하지 않다는 현실을 수용하는 것이 그렇지 않을 때의 행동보다 더 객관적이고, 더 사랑하고 돌보는, 더 현실적인 행동을 자주 하게 해 준다는 점이다. 이를 수용하는 사람들이 흔히 세상이 공평해지도록 힘을 가하는 사람들보다 더 '공평하다'고 인식되고 있다.

과거는 내게 어떤 영향을 주는가?

이 질문은 매우 논쟁이 많은 질문이다. 심리학파들은 과거 그리고 과거가 개인에게 주는 영향을 다루는 점에서 서로 큰 차이가 있다. 아마도 이 질문에 대한 가장 간단한 답은 '당신이 그러길 바라는 만큼' 이 될 것이다. 외상적인 아동기가 정말로 발달에 중요한 장애물을 만드는 것과 같은 특정 사례에서 본다면 이 대답은 심한 과잉 단순화가 된다. 그러나 일반적으로 '완벽한 과거' 를 가진 사람은 아무도 없다는 점과 우리 모두가 역기능적인 가족이나 가정, 교육이나 친구를 경험했다는 점을 깨닫는 것은 중요하다.

과거가 현재 우리의 생활양식에 미치는 영향과 관련해 어려운 점은 과거는 현재 우리가 하는 역기능적 활동과 행동에는 책임이 있지만, 현재 우리의 훌륭한 행동과 성공에 대해 감사를 받는 일은 거의 없다는 점이다. 우리는 훌륭한 소질은 현재 우리가 갖는 당연한 권리로 인정하길 좋아하지만, 나쁜 소질은 과거나 다른 사람의 탓으로 돌리길 좋아한다.

그러나 과거는 현재 이 순간의 우리 자신에게 매우 중요하다. 왜냐하면 과거가 우리를 이 자리 이 시간으로 데려왔기 때문이다. 우리가 한 모든 일, 우리에게 일어난 모든 일, 우리의 경험 모두가 우리가 지금 어떤 사람이고 어떤 일을 하는지에 정확하게 영향을 준다. 우리들 중 누구라도 과거의 어떤 부분을 바꾸기 위해 할 수 있는 건 아무것도 없다. 과거에 대해 낭비되고 있는 비생산적인 에너지는 믿을 수 없을 정도로 많다. 만약 당신이 과거를 사는 데 많은 시간을 보낸다면, 그리고 죄책감을 느끼고, "만약 ~했다면"과 "~했더라면 어찌되었을까"라고 말함으로써 그런 사실을 알게 된다면, 당신의 삶을 놓치고 있는 것이다. 당신은 현재를 살지 않고 최선을 다하지 않고 있다. 당신의 과거를 적으로 만들고 있으며 과거가 당신의 시간당신의 삶을 훔쳐 가도록 하고 있다.

당신의 과거, 당신이 이 글을 읽고 있는 지금까지의 모든 순간을 포함하는 과거는 지나갔다. 과거는 지나갔고, 잡을 수 없고, 바꿀 수 없다. 과거를 벗어나 과거가 당신에게 주는 과도한 영향을 벗어나는 최선의 방법은 또 다른 모순이 된다. 과거를 영광스럽게 함으로써 과거를 놓아주라. 과거를 미워하고, 후회하고, 싸우고, 바라고, 부정하는 일을 멈추라. 당신이 가졌던 것과 놓쳐 버린 것으로 이루어진 현실을 수용하라. 결국 당신은 현재의 장소와 시간에 도착했다. 당신은 그 모든 것을 견뎌 냈다.

극복한 일에 대해 자신을 칭찬하고, 과거가 당신에게 가르친 것에 대해 과거에게 영광을 돌리라. 만약 과거가 당신에게 가르친 것을 당신이 좋아하지 않는다면, 효과가 없는 일이 무엇인지를 가르친 것에 대해 과거에게 영광을 돌리라. 우리의 선택사항을 최소한으로 줄이도록 도운 것을 제외하곤 과거가 한 일이 아무것도 없다 할지라도 우리가 배운 것은 모두 가치가 있다.

당신의 과거를 최대한 유리하게 사용하라. 당신이 필요한 것을 가지고 과거를 사랑스럽게 기억하라. 객관적이 되라. 당신의 물건들을 훑어보고 좋은 물건을 집어 들라. 나머지는 당신의 기억, 행동, 삶에서 나가게 내버려 두라. 당신의 과거를 두려워하지 말라. 만약 그 과제가 당신을 압도한다면 과거를 벗어나는 일을 도와 달라고 요청하라. 당신은 과거를 다루면서 현재와 미래를 보낼 필요가 없다.

나는 미래를 위해 무엇을 할 수 있는가?

우리는 미래에 붙잡혀 있는 것 같다. 우리의 실행모델이 목표지향적인 모델이고 그 모델에서 충분한 것은 없다는 걸 깨달을 때 이 말을 이해할 수 있다. 현재 어떤 일이 일어나더라도 우리는 미래에 집중하고 있다. 그러나 우리는 과거와 마찬가지로 미래에 살 수 없으므로 그러한 방향은 우리로 하여금 현재로부터 벗어나게 하고, 우리가 통제하고 관리할 수 있는 일을 벗어나게 한다. 죄의식이 과거에 살고 있듯이 미래에는 불안이 살고 있다. 우리가 너무 미래지향적이 되면 미래에 대해 불확실해질 때 공황에 빠지기 쉽다. 만약 질병이나 환경 때문에 미래가 짧아지면 우리는 속았다고 느끼고 후회하게 된다. 우리 자신을 현재 있는 그대로의 우리로 인식하는 것보다 미래에 될 우리로 인식하는 게 더 쉬운 것 같다.

현실적으로 미래에 대해 아무 생각도 하지 않을 수는 없다. 우리가 성숙하면서 해야 할 일 중 하나는, 현재와 미래의 우리 자신을 돌보기이다. 그러므로 지금 여기here and now에서 계획하기는 미래지향적이길 요구한다. 우리에게 내일이 오고 지금 우리가 계획한 일이 그때 효과가 있기를 바라면서 우리는 내일을 위해 지금 어떤 일을 할 수 있다. 그러나 우리는 미래 개념이 단지 개념일 뿐 보장된 것이 아니라는 것을 먼저 깨달을 필요가 있다. 확실한 것은 아무것도 없으므로 미래 시간은 확실하지 않다. 앞으로 당신에게 일어날 일을 통제할 수 있다는 생각은 비현실적이다.

여기에서의 모순은 현재를 더 많이 강조할수록 지금 우리가 할 수 있는 최선을 다하는 데 초점을 더 두게 되며, 미래는 더 자연스럽게 처리되는 것 같다는 점이다. 일단 우리가 미래를 통제할 수 없다는 점을 알면일단 우리가 통제착각을 포기하면 운명은 우리에게 유리해지는 것 같다. 그리고 만일 유리해지지 않고 미래에 재난이 일어난다면, 우리는 재난을 더 잘 받아들이고 다룰 수 있다. 우리는 과거를 극복하고 살아남은 사람들이기 때문에 그 시점에서는 현재가 되었을미래는 절대로 지금 우리가 갖는미래에 대한 두려움만큼 냉혹하고 두렵지 않을 것이다. 편하게 생각하라. 우리가 현재를 즐기고 있으며 우리 자신이 안전하다고 느낄 때는 이러한 질문을 하지 않는다. 그 순간에는 불안이 필요하지 않다. 우리가 어떤 일을 할 수 있을 때는 공황에 빠지지 않는다. 현재 우리는 긴장을 풀기 위해서 깊은 숨을 쉴 수 있고, 대안을 생각할 수 있으며, 우리 감정을 인정할 수 있고, 우리 자신을 수용할 수 있으며, 선택할 수 있고, 경험할 수 있고, 영웅이 될 수 있다. 미래에는 이런 일들 중의 어느 것도 할 수 없다. 미래에서 할 수 있는 최선의 일은 영웅이 되려는 현재의 꿈을 허비하는 일뿐이다. 기억하라. 시간은 되돌릴 수 없다. 순간을 잘 살라. 지금 여기에 머물도록 하라. 그러면 불안이나 후회는 필요가 없을 것이다.

왜 우리에게는 죄의식과 불안이 필요 없는가?

죄의식과 불안은 둘 다 매우 자기 파괴적이다. 죄의식과 불안은 약한 자아처럼 우리 자신을 나쁘게 느끼도록 만든다. 우리가 될 수 있는 최선의 존재가 되는 걸 방해하고 우리의 행동을 무력화시킨다. 죄의식과 불안이 미래에 대해 할 수 있는 역할은 없다. 현재의 순간을 살고 있을 때는 죄의식이나 불안을 느낄 시간이 없다. 우리는 삶을 판단하기보다는 살아야 한다.

우리는 양심을 갖고 있기 때문에 죄의식이 필요 없다이 맥락에서 죄의식과 부끄러움은 같은 것이다. 양심은 우리가 좋지 않은 일을 했을 때 말을 한다. 양심은 "저런, 그건 나쁜 행동이야." 혹은 "그 일혹은 말을 하지 않았더라면 좋았을 텐데."라고 말한다. 양심은 그 순간에 일이 어떻게 진행되고 있는지, 그리고 바꿀 필요가 있는 게 무엇인지를 가르치는 온화한 교사로 생각될 수 있다. 일단 자신을 믿으면 양심을 믿을 수 있다.

이와 반대로 죄의식은 심술궂은 독재자로 생각될 수 있다. 죄의식은 우리에게 나쁘다고 말하고 우리 전체가 부적절하거나 사악하거나 인정머리 없다고 말한다. 죄의식은 하나의 행동이나 생각 혹은 감정을 가지고 전체 인간성이 그렇다고 일반화한다. 죄의식은 우리로 하여금 부정성에 압도당하고 무력감과 무망감을 느끼게 한다. 바로 그 점이 죄의식이 그렇게 힘이 강한 독재자가 되는 이유이다. 죄의식은 우리의 본성, 행동, 삶 전체를 빠르게 통제한다.

또한 죄의식은 모르는 사이에 '나쁜 행동'을 영구히 지속시킨다. 그것은 꼬리를 입에 물고 있는 뱀과 같은 악순환이 될 수 있다. 죄의식이 작용하는 일반적인 방식은 이렇다. 1) 당신 자신이나 다른 사람들에게 불친절하거나 인정머리 없거나 파괴적인 일을 한다, 2) 죄의식을 느끼기 시작한다, 3) 죄의식이 커진다, 4) 이제 당신은 죄의식을 심하고 고통스럽게 느끼고 그 고통은 당신을 압도한다, 5) 이 모든 고통에서 벗어날 방법을 찾기 시작한다, 6) 당신 행동의 이유를 외부로 돌리기 시작한다"만일 그가 이 일을 했으면, 난 그 일을 하지 않았을 거야." 등, 7) 당신 행동을 합리화하고 정당화할 때까지 당신은 외재화externalization를 증가시킨다. 8) 당신이 정당화한 것을 믿는다, 9) 처음에 죄의식을 유발했던 행동을 반복한다.

이 패턴은 중독적인 관계에서 잘 나타난다. 먼저 한쪽 파트너가 중독

된다. 상대방은 종종 상호 종속적이며 위와 같은 죄의식 사이클을 갖기 때문에 각자가 한 행동에 대해 상대방 탓을 한다. 이러한 중독적 사고는 다음과 같이 진행된다. 내가 어떤 행동을 한다. 그것에 대해 기분이 나쁘다. 그래서 나는 좋은 사람이라는 걸 입증하기 위해 고통이 견딜 수 없어질 때 내 자신의 행동을 정당화하고 나에게 그 행동을 계속할 이유를 만들어 주면서 죄의식을 상대방에게 전가한다. 이 사이클은 우리 자신에 대해 책임을 지지 않는 관계에서만 일어난다. 우리는 책임을 져야 한다. 우리가 죄의식을 느낄 필요는 없다. 당신 행동에 책임을 지라. 죄의식을 느끼는 걸 멈추라. 다음번에 당신이 죄의식을 느낄 때 그것을 멈추라. 당신 자신에게 당신이 하고 싶지 않은 일을 했다고 말하라. 당신은 이 일에서 배우게 될 것이다. 다음번에는 같은 일을 하지 않을 것이다. 당신 양심에게 고마워하라. 책임을 진 당신 자신을 칭찬하라. 죄의식은 놓아주라.

마찬가지로 불안도 필요하지 않다. 불안은 우리가 일어나지 않기를 바라는 것을 꿈꾸는 것이라고 개념화할 수 있다. 불안은 아직 일어나지 않은 일에 대해 걱정하는 것이다. 일단 그 일이 일어나면, 우리는 그 일에 대해 무언가를 하기 시작한다. 우리가 걱정해 왔던 일이 실제로 일어났을 때 우리는 얼마나 자주 안심하는가? 현재에 일어나는 일은 그것이 무엇이든지 우리가 다룰 수 있다. 불안은 절대로 직접 다룰 수 없다. 우리는 불안이 필요 없다. 불안은 우리가 깨어 있는 동안 꾸는 나쁜 꿈처럼 시작되지만 곧 살아 있는 악몽이 된다. 죄의식처럼 불안도 우리를 현재에서 벗어나게 하고 고통스럽고, 실망스럽고, 쓸모없고, 시간 소모적인 곳에 있게 만든다. 놓아주라. 죄의식이나 불안 없이 순간을 살라. 우리가 의미 있는 삶을 살고 있는 순간에는 둘 중 어느 것도 필요하지 않다.

악은 존재하는가?

그렇다!!!

지금은 중요한 모순을 보여 줄 때다—만약 당신이 악해지는 걸 두려워하고 있다면 아마도 당신은 악하지 않을 것이다. 진정한 악은 자신을 의심하거나 시험하는 걸 허락하지 않는다악마의 본질에 대한 광범위하고 분명한 논의를 보기 위해서는 M. Scott Peck이 쓴 책 『거짓말쟁이People of the Lie』를 읽으라.

사악한 것과 나쁜 것은 같은 의미인가? 아니다. 우리는 나쁜 일부적절하고, 부주의하고, 고통으로 가득 찬 행동들도 하게 되며 그리고 또 할 것이다. 왜냐하면 우리는 인간이고 그래서 완전하지 않기 때문이다. 이런 행동들이 우리를 사악한 사람으로 규정하지는 않는다. 그렇게 규정하는 실수는 죄의식을 한 가지 행동에서 전체 행동으로 과잉 일반화하는 것과 같다. 만일 우리가 다른 사람들과 자신에게 고통스러운 행동을 계속하기로 선택한다면, 우리는 악해지게 된다. 멈출 때와 바꾸어야 할 때, 그리고 고쳐야 할 때를 알기 위해서는 양심의 시험이 필요하다. 만일 자신의 행동에 대해 의문을 갖지 않고 계속해서 우리 자신과 다른 사람들에게 손해를 입힌다면, 그리고 만일 우리가 해로운 일을 할지도 모른다는 걸 인정하길 거부한다면 우리는 악해지기 쉽다.

자존감의 배경 이론은 기본적으로 우리가 선하다는 가정이다. 양심부족은 악한 걸 뜻하는 게 아니다. 오히려 그것은 사지가 없는 게 결함인 것처럼 병들었거나 결함이 있음을 의미한다. 악의 본질은 선택을 의미한다. 만일 우리가 그러한 선택을 하는 데 필요한 자격을 갖추지 못하면 선택을 할 수도, 선택에 대한 책임을 질 수도 없다. 악은 선한 일을 하지 않기로 선택하는 것으로 정의될 수 있다. 그것은 모든 에너지를 '선하게' 보이는 데 쏟으며 자신을 반성하는 걸 선택하지 않는 사람들에게서 가장 흔히 보인다. 악은 자존감의 정반대되는 행동을 요구한다. 자존감의 반대편에는 자기에 대한 탐색, 결과에 대한 책임이 없고, 잘못인간으로서을 저지르는 능력에 대한 수용이 없다. 흥미롭게도 죄의식의 순환과정에서 일어나는 외재화외부로 원인을 돌리기가 사람을 악해지도록 만들 수 있다. 죄의식을 표현하지만 절대로 바뀌지 않고, 악하게 행동하며 다른 사람을 비난하는 악한 사람을 상상하기는 쉽다. 악을 피하는 가장 안전한 길은 자존감을 실천하고 우리 모두가 불완전함을 인정하는 것이다.

왜 나는 착한가?

이것은 내담자들이 실행모델, 이전에 받은 훈련, 선과 악의 본질에 대해 의문을 갖기 시작한 후에야 물어보는 본질적으로 철학적인 질문이다. 우리들 대부분은 우리의 진짜 본성이 천하고 악하기 때문에 우리는 선하지 않으며, 처벌받거나 통제되거나 억제되어야 할 필요가 있다고 가정하며 인생을 살아간다.

한 사상 학파는 사람을 본질적으로 나쁘다고 규정한다. 이 철학으로부터 집단을 통제하기 위한 힘과 통제, 교회나 학교 같은 기관들의 필요가 생겨났다. 이러한 기관들은 질서를 지키고 복종시키기 위해, 우리의 타고난 '악'이 퍼지는 걸 막기 위해서 처벌과 강한 훈육을 사용한다. 이 사상 학파는 사람은 결정을 할 수 없으며, 대중이 미친 듯이 설치며 행패

부리는 걸 막기 위해서는 강한 리더십독재이 필요하다고 믿는다William Golding의 『파리대왕Lord of the Flies』은 이런 철학적 신념에 근거해서 쓴 놀라운 소설이다.

이것과 반대되는 사상 학파는 사람은 본질적으로 신神처럼 선하며 선택이 주어질 때 선을 행하는 일이 더 어렵고 더 혼란스럽더라도, 악보다는 오히려 선을 행하는 걸 좋아한다고 믿는다.

이러한 선택이 갖는 모순은 선을 택하는 것이 쉬운 일은 아니지만 그 선택이 '좀 더 쉬운' 삶을 가져온다는 점이다. 좀 더 쉬운 선택이 처음에는 더 좋게 느껴지지만 악한 형태의 결과를 갖게 될 수 있는 반면, 종종 좋은 선택이 '옳은 선택'이라고 느껴지지 않기도 한다.

이런 모순의 완벽한 예는 돌보기caretaking 개념이다. 우리의 실행모델은 모든 돌보기 행동을 좋은 것으로 규정한다. 그러나 돌보기 행동 중 많은 것이 좋지 않다. 왜냐하면 돌보아지는 사람은 숙달감을 느낄 수 없거나 자신의 삶을 통제할 수 없기 때문이다.

그러므로 선의 선택과 이 선택에 대한 통제는 돌보아지는 사람에게 있는 게 아니라 돌보는 사람에게 있다. 돌보는 사람이 행위에 대한 모든 책임을 지고, 일어나는 결과에 대한 어떠한 힘이나 통제를 갖는 걸 상대방에게 허락하지 않을 때 악한 형태는 존재한다. 이런 경우에 돌보지 않는다는 처음의 선택이 쉬운 건 아니겠지만 오히려 '좋은' 선택이 된다. 선택은 학습과 실천을 포함한다. 선의 실천은 하나의 시행착오 과정이다.

당신은 선하다! 당신은 선을 실천하기로 선택할 수 있다. 당신은 자신의 삶과 행동에 대해 책임질 수 있다. 당신은 자신을 돌볼 수 있다. 당신은 자신과 다른 사람의 선함을 믿을 수 있다. 이런 식으로 당신은 선의 역할모델이 될 수 있다.

치료란 무엇인가?

치료에 대한 정의는 치료자들 수만큼이나 많다. 치료란 관계이고 모든 관계와 마찬가지로 양자 모두가 만족할 때 잘되어 간다. 인지 치료, 행동 치료, 분석 치료, 인본주의 치료 혹은 게스탈트 치료 등 많은 치료학파들이 있다. 그러나 긍정적인 결과를 달성하는 데 있어 특정 치료학파가 내담자와 치료자 간의 관계보다 중요한 것 같지는 않다. 당신이 받게 될 치료 유형이 어떤 것인지를 이해하는 일이 도움이 되기는 하지만, 첫 번째로 가장 중요한 요인은 단연코 치료자를 믿는 일이다. 치료 과정 중에 당신이 치료자에게 화나거나 흥분하게 되는 때가 있게 되지만이런 일은 정상적인 일이다 언제나 신뢰가 있어야 한다. 다음으로 중요한 요인은 능력이다. 훈련과 경험은 이 분야에서 중요한 요인이다. 치료자는 인간이다. 인간은 실수를 한다. 그러므로 치료자는 잘못할 수도 있다. 역설적이게도 자신이 항상 옳다고 생각하는 사람보다 자신이 틀렸다는 걸 인정하는 사람을 믿기가 더 쉽다.

무엇보다 먼저 치료는 하나의 과정이다. 여러 면에서 치료는 삶과 유사하다. 치료를 생각하는 가장 간단한 방법은 치료자와 내담자 두 사람이 한 사람의 삶에 함께 초점을 맞추는 것이다. 이런 종류의 주의집중은 강력할 수 있다. 종종 내담자는 배려만 받아도 진정된다. 그것은 치료일 수 있다. 좋은 치료는 배려 이상의 것을 필요로 한다. 모든 치료자들에게는 강력한 교수 요인이 있다. 어떤 유형은 더 직접적이고 어떤 치료자들은 교사와 비슷하다. 다른 유형은 더 은밀하며 가르침은 간접적이다. 그러나 변화 과정에는 가르침, 재교육, 고쳐 생각하기, 재구조화가 포함되어야 한다.

많은 내담자들이 자신들의 삶을 치료자가 책임져 주길 바란다. 이것은 좋은 치료가 하는 일이 아니다. 치료 중에 종종 충고하기, 문제해결, 의사결정하기가 일어나기는 하지만 그런 일을 하는 게 치료는 아니다. 만일 치료가 내담자를 무력하게 만들고 치료자에게 의존하게 만든다면, 치료가 내담자에게 큰 해를 주게 된다. 치료의 목표는 내담자가 독립적이 되도록 돕는 일이다. 치료의 다른 목표는 성숙, 효율성, 통제, 더 좋게 느끼기와 관련되지만 모든 치료의 기초는 독립스스로 생각하고 행동하는 능력이다.

자존감 치료는 내담자 격려 원리를 공유하는 것으로 보인다. 자존감 치료는 무조건적 수용과 돌봄이 치료자와 내담자 간 관계의 핵심적인 부분이라는 점에서 다른 지지적 치료 유형들과 비슷하다. 이것은 치료자가 내담자의 모든 것을 좋아한다거나 내담자의 모든 행동이 격려받는다는 뜻이 아니다. 오히려 치료자는 내담자의 전체성을 수용하고 새로운 행동에 대한 내담자의 시도를 격려하고 보상한다.

이 책은 새로운 삶의 모델을 가르치고, 자신을 보는 새로운 방식을 가르치고, 더 많은 선택권과 선택사항을 주려 한다는 점에서 치료와 비슷하다. 치료에 대해 나는 두 가지 은유로 말한다. 치료란 당신의 도구상자에 도구들을 더 많이 추가해서 어떤 경우라도 당신이 직업에 필요한 적절한 도구를 가지게 하기 위한 것이거나, 또는 당신의 팔레트에 더 많은 물감을 추가해서 당신이 선택목록을 확장하고 더 예술적으로 창조할 수 있도록 하기 위한 것이다.

아마도 치료자의 가장 중요한 임무는 '격려하기' 일 것이다. 모든 내담자는 자신이나 자신의 삶에 대해 어떤 식으로든 실망하게 된다. 이런 혼란한 세상에서 최선을 다하기 위해서는 격려가 필요하다. 격려를 통해서 치료자는 내담자에게 새로운 생각을 시도하고 새로운 도구를 사용해 볼 안전한 장소를 제공한다.

왜 치료자는 나를 변화시킬(또는 고칠) 수 없는가?

누구도 다른 사람을 바꿀 수 없다.

당신만이 당신 자신을 바꿀 수 있을 뿐이다. 어느 누구도 당신을 바꿀 수 없다. 다른 사람들이 당신의 변화에 책임이 있다고 생각할 수도 있지만, 당신은 공공연하거나 또는 모르게 그들이 그렇게 생각하는 걸 허락하지 않는다. 당신의 변화는 전적으로 당신의 통제 안에 있다. 당신은 해야 할 일과 하지 않을 일을 선택한다. 당신은 행동으로 나타낼 생각과 감정, 그리고 무시할 생각과 감정들을 선택한다. 당신은 다른 이에게 의지할 때와 자신의 의견을 주장할 때를 선택한다. 만일 당신의 개인적 힘을 어떤 다른 사람에게 주기로 선택한다면, 당신은 그에게 권력을 주는 것이며 당신이 힘을 되찾기로 선택할 때마다 힘을 다시 찾을 수 있다.

당신의 삶이 당신의 통제 안에 있다는 것을 강조하기 위해 앞의 단락에서 '선택한다choose' 라는 단어를 일부러 과도하게 사용했다. 당신이 통제하고 있다는 걸 느끼지 못할 때조차도 여전히 당신은 당신의 힘을 포기할 수 있는 유일한 사람이다.

왜 이 개념—우리가 우리 자신의 삶을 선택하고 통제한다—은 우리들 중 많은 사람들이 받아들이기 어려운 것처럼 보이는가? 아마도 우리가 어린아이였을 때 선택할 힘이 없고 선택이 불가능했기 때문일 것이다. 우리의 양육자들은 우리에 대해 결정적인 권한을 갖는다. 우리는 생존하기 위해 양육자들에게 절대적으로 의지한다. 우리는 무력감을 느끼면서 삶을 시작했고 우리가 자기주장을 했을 나이는 보통 2세경으로 '끔찍한 두 살' 로 불렸으며 순종적이지 않고 '착하지' 않다는 이유로 모두 지나친 벌을 받았다. 그래서 우리는 '나쁘게' 되는 걸 빨리 두려워하게 되었는데, 이때의 나쁜 일들은 흔히 우리가 하고 싶은 일을 하는 걸 의미한다.

사랑받는 건 인간의 기본적인 욕구이다. 영아일 때 먹여 주고 씻겨 주더라도 접촉과 애정을 받지 못하면 죽을 수도 있다. 피부는 접촉을 필요로 하고, 몸은 안아 줄 필요가 있으며, 영혼은 사랑받을 필요가 있다. 우리는 이런 요구를 충족시키기 위해 높은 대가를 지불한다. 종종 그 대가는 마치 우리가 자신의 정체를 드러낸 것처럼 느끼게 할 수 있다. 우리는 우리의 힘을 남에게 주면 우리의 힘을 가져간 사람들이 사랑으로 되돌려준다고 교육받았다. 불행히도 우리 힘을 가져간 사람들은 사랑으로 되돌려주지 않는다. 여기에서의 모순은 사람은 '완전한whole' 사람, 즉 자신의 힘을 가지고 상호작용하는 사람을 무기력하고 의존적인 사람보다 훨씬 더 기꺼이 사랑한다는 점이다.

어린아이와 청소년이었을 때 우리는 우리가 원하는 일이 더 강력한 힘을 가진 부모, 교사, 또래들에 의해서 반드시 뒤집힌다는 것을 배운다. 그 후에 우리 자신의 힘을 보여 주어도 안전하다는 걸 배운 때가 언제인가? 운이 좋다면, 우리는 건강한 관계를 갖거나 현명한 역할 모델을 갖는 일로부터 그것을 배운다. 만일 그런 관계와 그런 역할 모델을 찾지 못한다면, 치료자가 그 일을 대신해 줄 수 있다.

치료자나 역할 모델이나 사랑하는 친구가 당신을 바꿀 수는 없다. 그러나 그들은 변화에 도움이 되는 분위기와 환경을 제공할 수 있다. 그들은 당신이 자기주장을 하고, 당신의 힘을 되찾고, 모험을 하고, 실수를 해도 당신이 항상 수용되고 존중받고 있다는 사실을 알도록 격려할 수 있다.

아무도 당신을 바꿀 수 없다. 그 반대도 마찬가지이다. 당신은 당신 자신 외의 어느 누구도 바꿀 수 없다. 치료자는 당신의 주의를 당신 자신에게 두도록 도울 것이다. 당신 자신을 바꾸는 데 쓰는 시간과 에너지는 당신을 더 강력하게 느끼고 자신을 더 잘 통제한다고 느끼게 만들며, 또 당신은 거기서 이익을 얻고 당신이 한 일에 대한 공을 인정받을 것이다.

성공이란 무엇인가?

우리의 서구 선형모델은 성공지향적 모델이다. 이 모델에 따르면, 성공이란 재산의 취득이나 지위 달성을 뜻한다. 우리들 대부분은 화려한 보석으로 치장하고, 맞춤옷과 구두로 꾸미고, 대단히 비싼 차를 타는 사람들을 보고 그들이 성공했다고 생각한다. 우리들 대부분은 성공은 재산으로 측정되고 쉽게 볼 수 있으며, 우리가 성공을 갈망한다고 믿는다. 우리는 자기 목표에 도달한 사람을 성공한 것으로 정의하고 목표에 도달하지 못한 사람은 성공하지 못한 것으로 정의한다. 교육, 돈, 권력은 이러한 성공을 정의하는 데 기여하는 것 같다. 교육, 돈, 권력이 없다는 건 실패의 표시다. 이 모델을 따르는 성공의 모든 측정치들이 자신에게는 외적인 요인들임을 주목하는 게 중요하다. 그 측정치들 모두가 자아개념, 즉 한 사람의 자존감이 다른 사람이나 사물들에 달려 있다는 생각과 관련된다. 그리고 그 측정치들은 외적이기 때문에 영원하지 않다. 어느 날은 대단히 신분이 높다가 다음 날 갑자기 주식시장 붕괴나 전쟁이나 재난 때문에 실패자가 되는 것은 얼마나 이상한 일인가!

이러한 성공모델에는 또 다른 문제가 있다. 그 공식을 충실히 따르는—열심히 공부하고, 열심히 일하고, '올바른 사람'의 조건을 모두 충족시키고, 적절한 일만을 하는—사람들이 많이 있지만 그들은 여전히 성공을 이루지 못했다. 그들 자신의 잘못이 아님에도 불구하고 그들은 정말 '성공하지' 못한다. 실행모델이 암시하는 가정—당신은 당신의 운명을 통제할 수 있다—에도 불구하고 앞에서 정의된 성공은 당신의 통제 안에 있지 않다. 운, 운명, 기회는 모두 외적 성공을 결정하는 데 큰 역할을 한다. 하지만 이것들 중 우리가 통제할 수 있는 것은 없기 때문에 이것들은 일반적으로 선형모델의 부분으로 인정되지 않는다.

존재모델은 성공을 정의하지 않는다. 존재모델은 당신의 존재 안에서 당신은 성공한 것임을 시사한다. 그 순간에 당신이 있는 위치는 당신이 성취한 것이다—당신은 살아남았다! 존재모델에 따라 성공을 측정하는 유일한 방법은 당신 자신에 대해 당신이 느끼는 방식이다. 만일 당신이 당신 자신을 사랑한다면, 특히 당신을 둘러싼 세상이 붕괴되고 있을 때 그렇다면, 당신은 성공한 사람이다. 만일 자신을 사랑하지 않는다면, 당신은 실패자이다. 하지만 당신은 단지 자신을 사랑하는 방법을 아직 배우지 못했을 뿐이다. 이러한 성공의 정의는 내적이며 당신의 통제 안에 있다.

여기에서의 모순은 극동 모델이 운명, 기회, 운을 모델의 일부로 인정하고 받아들이며, 그것들을 통제하려는 시도를 하지 않는다는 점이다. 그것들 전체가 자기 밖에 있고 그래서 통제 밖에 있으며 통제되는 모든 것은 사람 안에 있다. 심지어 서구 모델이 자신을 힘과 통제와 성공모델로 제시함에도 불구하고, 극동 모델에 따라 '존재하는' 사람은 서구 모델에 따라 '실행하는' 사람보다 더 많은 통제, 진정한 통제를 갖는다.

당신은 성공한 사람이 될 수 있다. 당신은 당신이 얼마나 성공적인가를 통제할 수 있다. 당신은 궁극적으로 중요한 단 하나의 방식을 통해 성공하는 걸 배울 수 있고 당신 삶에서 가장 중요한 사람, 즉 당신 자신을 알 수 있다.

신은 성공과 어떤 관계가 있나?

모든 것이다, 만일 당신이 믿는다면.

아무 관계도 아니다, 만일 당신이 믿지 않는다면.

자존감 학습 과정에 대해서 어느 쪽 신념이든 수용 가능하다. 기억하라. 순환모델은 수용모델이다. 우리는 현재 우리가 있는 곳에 있다. 우리는 우리가 믿는 걸 믿는다. 다른 사람들을 믿거나 그들을 우리의 신념으로 전향시키는 건 우리에게 달려 있지 않다.

이 이론이나 나의 치료 스타일은 내가 신의 존재를 의심했을 때 시작되었다. 지금 나는 매우 강력하게 신을 믿는다. 내게는 신과 선good이 같은 연속선상에 있다.

우리의 선함은 우리 안에 있는 신으로부터 오는데, 우리는 우리 자신

밖에서 신과의 관계를 찾으려 하고 있다.

신을 믿지 않는 사람들은 신 대신에 선의 개념을 쓰라. 선을 믿지 않는 사람은 이 책이나 자존감 개념 모두 의미가 없게 될 것이다.

존재모델을 따르기로 했을 때 할 수 있는 질문은 무엇인가?

일단 순환적인 존재모델을 따르기로 결정하고, 자존감을 갖고, 당신 자신을 사랑하고, 당신 자신을 항상 애정 어린 방식으로 대하는 걸 선택하고 나면 이와 관련된 질문은 단 하나가 있을 뿐이다. 그 질문은 다음과 같다.

> "나는 지금 자신에 대해 어떻게 느끼는가?"

이 질문은 자주 할 필요가 있는데, 특히 우리 자신을 사랑하고 자신을 사랑하는 행동을 실천하는 걸 배우기 시작할 때 그렇다. 이 질문은 생각, 행동, 행위, 반응을 한 후에 물어야 한다. "그들은 나에 대해 어떻게 느끼는가?" 그리고 "여기서 무슨 일이 일어나고 있지?"라는 질문을 이 질문으로 대체할 필요가 있다. 이 질문은 당신에게 자신을 알고, 자신을 믿고, 자신이 통제하고 바꿀 수 있는 일에 삶을 집중하도록 가르쳐 줄 것이다.

그 질문에 대한 답은 무엇인가?

"지금 나는 자신에 대해 어떻게 느끼는가?"라는 질문에 대해 당신이 할 수 있는 답은 두 가지가 있을 수 있으며, 그에 따라 두 가지 다른 행동 방식이 뒤따라온다.

답 1: "나는 나 자신에 대해 좋게 느낀다. 나는 내가 한 일이나 생각한 것이나 말한 것을 좋아한다. 나는 지금 내가 할 수 있는 최선을 다하고 있다."

행동 1: 당신 자신을 칭찬해 주라. 당신 자신의 등을 두드려 주라. 거울을 보고 당신 자신에게 미소를 지으라. 당신 자신에게 한턱을 내라. 당신 자신에게 좋은 말을 하라. “난 잘했어!”라고 말하라.

답 2: “나는 나 자신에 대해 나쁘게 느낀다. 내가 한 일이나 말한 것, 생각한 것을 좋아하지 않는다. 그 일들을 하지 않았더라면… 하고 바란다. 나는 이런 점이 불편하다.”

행동 2: 자신을 처벌하지 말라. 자신에 대한 나쁜 말을 자신에게 하지 말라. 죄의식이 들어오지 못하게 하라. 다음번에는 지금과 다르게 하기 위한 간단한 계획을 세우라. 즉 다른 행동이나 생각을 하려고 노력하라.

배우기 위해서는 실수할 필요가 있다는 점을 기억하라. 또한 실수를 하고 실수에서 배움으로써 새로운 기술 목록이 늘어나고, 새로 배운 기술을 사용하는 걸 연습하게 된다는 점도 기억하라. 당신은 인간이다. 그래서 당신은 불완전하다. 당신은 싫어하는 일을 할 것이다. 그리고 그 일에 대해 좋지 않게 느낄 것이다. 인간으로 존재한다는 건 당신이 실수하는 걸 허용한다는 의미이다. 자존감을 갖는다는 것은 당신이 실수했을 때 자신을 용서할 수 있다는 걸 의미한다. 보상하라. 사과하라. 놓아주라. 그리고 계속 삶을 살라.

II

개념적인 이슈

내가 통제할 수 있는 것은 무엇인가?

서구의 실행모델doing model은 통제를 강조하고 힘과 통제가 가치 있는 목표라고 가르친다. 그러나 이 모델이 실제로 가르치고 있는 것은 통제 착각이다. 이 세상에서 오직 두 가지만이 당신의 통제 안에 있다.

1. 당신이 선택한, 자신에 대해 느끼는 방식
2. 당신 자신의 감정에 따라 행하는 당신의 행동

그 외의 것은 어느 것도 당신의 통제 안에 있지 않다. 단 하나의 예외가 있다면 그것은 당신 자녀이다. 당신은 자녀의 행동을 어느 정도 통제하고, 그들에게 무엇을 가르칠지, 자녀들이 그들 자신에 대해 어떤 식으로 느낄지를 통제한다. 하지만 일단 자녀가 청소년이 되면 당신은 곧, 아마도 고통스럽게, 당신이 자녀를 통제하는 게 얼마나 어려운지를 알게 될 것이다.

만약 우리가 어떤 것을 통제하지 않는다면 그것에 대해 전적인 책임을 지지 않아도 된다. 처음부터 전혀 우리 통제 안에 있지 않았던 다른 사람과 결과에 대해 우리는 얼마나 자주 책임을 지는가? 이러한 통제 개념은 존재모델being model을 이해하고 자존감을 발달시키는 중요한 개념이다. 우리가 통제 착각을 기르고 우리의 통제 밖에 있는 것들에 책임을 느끼는 게 오래될수록, 우리 삶의 현실을 살 수 없고 우리 자신을 지배할 수 없다.

우리가 통제할 수 있는 두 가지 중에서 첫 번째인 '당신이 자신에 대해 느끼는 방식'은 '당신이 느끼는 방식'이나 '당신의 감정'을 말하는 게 아니라는 점을 주목해야 한다. 당신 자신에 대해 느끼는 방식은 하나의 선택이기 때문에 그것은 당신의 통제 안에 있다. 그러나 당신의 감정은 선택되지 않으며 당신의 통제 안에 있지 않다. 우리는 항상 모든 감정을 지닌다. 우리는 이유도 모르면서 어떤 감정, 예를 들어 슬픔을 느낄 수 있다. 같은 환경 자극이 여러 감정을 일으킬 수 있거나 또는 같은 자극에 대해 다른 시간에 다른 감정이 일어날 수 있다. 예를 들어, 혼잡한 거리를 걷다가 낯선 사람이 운전하는 빨리 달리는 차에 거의 치일 뻔했을 때, 당신은 정상적인 감정을 느낄 수 있다. 당신은 분노나 슬픔을 느끼거나 체념할 수도 있다. 또는 이 모든 감정이 혼합된 감정을 느낄지도 모른다. 또는 당신이 매우 기분이 좋다면, 차에 치이지 않은 것이 운이 좋다는 것 외에 다른 감정은 느끼지 않을지도 모른다. 당신의 감정은 자동적으로 일어나며 그것은 당신의 통제 안에 있지 않다.

그러나 당신은 자신에 대해 어떻게 느낄지에 대한 선택은 통제할 수 있다. 당신은 자신을 사랑하는 것을 선택하거나 사랑하지 않는 것을 선택한다. 일단 선택하면 앞의 2번에서 나타난 당신의 행동은 당신 감정을 따를 것이다. 만약 당신을 사랑하는 걸 선택하면 자신에 대해 사랑을 갖고 행동하는 걸 선택할 것이다. 당신은 수용하고 용서하고 더 친절하게 행동할 것이다. 만약 당신이 자신을 사랑하지 않는 걸 선택하면 당신 행동은 당신이 배운 것을 따를 것이고 당신은 자신을 무시하고, 비난하고, 외부 탓을 하며, 완벽함을 기대할 것이다. 당신 자신을 어떻게 다루는가는 당신의 통제 안에 있다. 세상이 당신을 나쁘게 대하기 때문이라는 이유는 자신을 나쁘게 대하는 핑계가 되지 못한다.

당신은 세상이 당신을 다루는 방식을 통제할 수는 없다. 당신은 당신이 세상을 다루는 방식을 통제할 수 있을 뿐이다. 그렇게 당신은 자신에 대한 당신 행동을 통제할 수 있을 뿐만 아니라 다른 사람에 대한 당신 행동도 통제할 수 있다. 기억하라. 행동은 감정이 아니다. 행동은 감정의 의식적인 표현이고 행동은 당신의 통제 안에 있다.

다른 사람을 통제하는 것은 당신의 통제 안에 있는 두 가지 사항에서 빠져 있음을 부디 주목하라. 이것은 생략된 게 아니다. 그것이 현실이다.

자존감이란 무엇인가?

자존감self-esteem에 대한 많은 정의가 있다. 그 모든 정의들이 공통적으로 갖고 있는 것은 '당신 자신을 존중하기' 라는 개념이다. 자존감은 당신 자신을 사랑하기, 존중하기, 최우선에 두기, 자신의 요구를 충족시키기로 바꾸어 말할 수 있다. 자존감은 당신 자신을 존중하는 위치에 놓는 것이다. 이것은 당신 자신을 사랑하는 것뿐만 아니라 당신 자신에게 항상 애정을 기울여 행동하는 것을 의미한다. 자존감을 갖는다는 것이 어떤 건지를 생각하는 가장 좋고 간단한 방법은 당신이 가장 하고 싶은 일이 어떤 사람을 많이 사랑하고, 그를 만나 함께 이야기하는 걸 즐거워하고, 그 사람과 시간을 같이 보내고, 사랑을 기울여 그를 생각하고, 그를 기쁘게 하려는 것임을 상상하는 것이다. 당신이 사랑하는 사람은 당신에게 이 세상에서 가장 중요한 사람이며, 그가 그것을 알게 하기 위해서 당신은 어떤 일이든 할 것이다. 이제 당신을 사랑받는 사람의 위치에 놓고 자신에게 똑같이 행동하라. 그것이 자존감이다.

자신을 사랑하고 배려하는 것은 우리가 지금까지 생각하고 행동하도록 배워 온 것과 정반대의 행동이다. 우리는 다른 사람이나 다른 외적 요인들을 존중하도록 배웠고, 우리가 가진 것이나 우리가 얼마나 사랑받는가로 우리 자신의 가치를 재도록 배웠다. 이것이 약한 자아weak ego의 정의이다. 우리의 가치와 존중은 우리 자신의 안이 아니라 밖에 있으며, 따라서 우리 통제 밖에 있는 어떤 것에 따라 달라진다. 우리의 존중이 우리를 사랑해 주는 사람이 있고, 좋은 직업을 가지고, 충분한 돈을 벌고, '성공하는 것' 에 바탕을 두고 있다고 느낄 때, 우리는 자신을 안전하지 않고 결국은 실패감을 느끼게 할 큰 위험에 처하게 만든다. 자기에게 외적인 것은 모두 일시적이다. 그것들은 우리 것이 아니며 우리는 그것들을 지킬 수 없다. 그러므로 우리의 감정을 이런 외적 요인들에 맡길 때, 즉 우리가 사랑받거나 혹은 나이에 어울리는 적절한 지위에 있다는 것 때문에 존중을 느낄 때, 사랑하는 사람을 잃거나 직업이 바뀐다면 어떤 일이 일어날까? 우리 자신에 대한 존중의 감정은 우리에게서 떠난 외적인 것들과 함께 사라진다. 그리고 우린 거부감, 우울함, 무가치감을 느끼게 된다. 그것이 삶의 '정상적' 경로라 해도 그것은 미친 짓이다. 모든 건 변한다!! 왜 우리의 존중을 우리 통제 밖에 있는 것에 두어 위험하게 만드는가?

기억하라. 우리는 오직 우리 자신에 대한 우리의 감정과 우리 감정에 근거한 우리 행동만을 통제할 수 있으며, 만약 우리가 자신을 사랑하고 자신에게 애정을 가지고 행동하는 걸 선택한다면, 만약 자존감을 갖는 걸 선택한다면, 우리는 자신을 통제하게 되고 우리 자신의 존중을 잃을 위험은 없다. 자존감의 진정한 테스트는 우리에게 불리한 일들이 일어나고, 이 미친 세상이 엉망이 되고, 우리가 가치를 둔 모든 것을 잃어버리고도 여전히 자신을 사랑하고 우리가 사랑받고 있다는 것을 아는 것이다. 상처 입은 사람을 대하는 것과 마찬가지로 우리가 어려움과 고통을 느낄 때 우리 자신을 가장 부드럽게 사랑으로 대하는 것이 자존감을 갖는 일이며, 자존감 연습하기이다.

왜 나는 자존감이 저절로 생기지 않는가?

우리는 아마도 그들 자신도 자존감을 가지지 못했을 훈련자들부모, 교사, 친구이 우리에게 열심히 가르친 자존감이 아닌, 본래의 자존감을 가졌어야 했다. 왜 자존감을 저절로 갖지 못하게 되는가 하면, 서구 모델은 힘과 통제, 성취와 관련이 있고 우리는 약한 자아의 모든 개념을 잘、배운 학생들이기 때문이다. 우리는 다른 사람들이 우리에 대해 어떻게 생각하는지를 걱정하고, 우리가 영향을 주게 될 사람들을 기쁘게 하기 위해 노력하라고 배웠다. 우리 자신이 우리 주위의 사람들만큼 중요하지 않거나 존중받을 만한 가치가 없다고 배웠다. 또한 만약 우리가 다른 사람을 조건 없이 사랑하면 자동적으로 그들이 원하는 것을 알게 된다고 배웠다. 그리고 다른 사람을 사랑하는 것은 그들의 요구를 배려하는 걸 의미한다고 배웠다. 이러한 가르침이 가정하는 건 그들은 우리와 똑같이 행동할 것이고, 그래서 우리를 사랑하는 사람들이 우리의 요구도 충족시켜 줄 거라는 것이다. 하지만 우리는 효과가 없는 것을 배워 왔다.

게다가 우리가 앞에서 말한 모델서구 모델에서 가르치는 것과 반대되는 자존감을 배우기 바라는지 여부를 선택할 기회조차 주어지지 않았다. 아주 어린 나이에 우리는 우리 자신을 사랑하는 것은 이기적이고, 자만에 빠지게 하며, 자아도취적이게 만들 것이고, 어느 누구도 우리 곁에 있으려 하지 않게 만들 것이라고 배웠다. 교회, 부모, 학교는 우리를 통제하는 통제조직이다. 모든 조직에는 그들을 믿고 규칙을 따르는 사람이 필요하다. 인간은 선하지 않으며 그래서 사회화되기 위해서 통제될 필요가 있다는 신념은, 개인이 자신을 사랑하고 자신의 욕망을 있는 그대로 둘 때 좋아질 것이라고 믿도록 허락하는 일을 두려워하게 만든다. 약한 자아를 가진 우리를 훈련하는 서구 모델은 설득력 있는 모델이다. 이 모델은 다른 사람들을 보살피고, 우리를 사랑하는 것보다 다른 사람들을 더 많이 사랑하는 일이 그들의 감정과 행동을 통제할 수 있는 방식이라고 말하지만 실은 그렇지 않다.

만약 우리가 우리 자신을 사랑할 수 없거나 사랑하지 않기로 선택한다면, 어떻게 우리가 사랑받을 수 있다는 걸 믿을 수 있겠는가? 만약 우리의 모든 사랑과 존중이 다른 사람에게 집중된다면 어떻게 우리는 우리 자신의 내부에서 완전하며 완성되고 사랑받는다는 걸 느낄 수 있겠는가? 그리고 만약 우리 자신에 대해 나쁘게 느낀다면, 어떻게 우리가 될 수 있는 최선의 사람이 될 수 있겠는가? 나쁘게 느낄 때 최상에 도달할 수 있는 사람은 아무도 없다. 마지막으로 만약 우리가 서구 모델을 따라 우리 자신을 사랑하는 것보다 다른 사람을 더 많이 사랑했는데 우리가 준 것을 아직 돌려받지 못하고 있다면, 어떻게 속았다고 느끼지 않고 분개를 느끼지 않을 수 있겠는가? 속고 학대당하고 이용당했다고 느끼는 사람은 다른 사람이나 자신을 가장 쉽게 사랑하는 사람이 아니다. 다른 사람이 우리를 사랑하고 보살펴 주길 기대할 때 우리는 그들이 충족시켜 줄 수 없는 부담을 그들에게 주는 것이다. 어느 누구도 우리가 필요로 하는 바로 그 순간에 우리의 요구가 무엇인지 정확하게 알 수는 없다. 우리가 사랑받고 싶을 때 정확하게 우리를 사랑할 수 있는 사람은 절대로 없다. 우리가 자신을 위해 할 수 있고 할 필요가 있는 일을, 우리를 위해 대신하려는 사람은 아무도 없다.

자존감은 이기적인 것인가?

그렇다. 그러나 '이기적인selfish' 이 자기 자신을 보살피기나 혹은 '자기다운self-ish' 으로 정의될 때만 그렇다.

'이기적인' 의 사전적 정의는 '자기 자신의 안녕에 지나치게 관심이 많은 것' 이다. 일반적으로 우리가 '이기적인' 을 어떤 식으로든 자신의 안녕에 관심이 있는 것으로 해석하기 때문에 '지나치게 많이' 라는 점이 강조되었다. 서구 모델은 우리에게 이기적인 건 나쁜 거라고 가르치는데, '이기적' 이라는 개념과 '자기중심적self-centered' 이라는 개념을 혼동한 것 같다. 자기중심적이라는 개념은 '다른 사물들이 그것을 중심으로 움직이는 정지된 중심. 오직 자신의 일에만 몰두하거나 관심을 갖는 것. 자아중심적인' 으로 정의된다.

자기다운 것과 자기중심적인 것의 차이는 무엇인가? 자존감에서의 '자기다운' 은 당신 자신과의 관계를 포함한다. 자기는 다른 사람의 움직임의 중심이 아니다. 어느 누구도 자기 자신을 어떤 것의 중심으로 인식할 필요는 없다. '자기다운' 은 원맨쇼이다. 초점은 오직 당신 자신을 보살피는 데 있다. 그때 우리는 우리 주위를 도는 다른 사람들의 태양이 되고, 또 다른 사람에 의해서 빛나는 별이 되려는 일을 멈출 수 있다.

이처럼 많은 논쟁을 야기하며 받아들이기 어려운 개념은 없는 것 같다. 이기적인 것은 악이라는 개념보다 우리 존재의 진정한 본질에 지나치게 잘 뿌리박힌 개념은 없는 것처럼 보인다. 여기서 가장 큰 모순은 우리가 이기적이라고 말하는 사람들—우리가 이기적이라고 믿는 사람들은 자신의 안녕을 지나치게 많이 걱정하는 사람들이고 자아도취자들이다—은 가장 불안전하고 자기중심적인 사람들이라는 것이다.

이런 사람들은 자존감이 없으며 자신의 요구를 고려하거나 다른 사람을 사랑하는 것이 불가능하다. 그들은 어떻게 다른 사람을 조종하고 자신이 환경의 중심이 되는가에 시간을 소비한다. 그들의 에너지는 외적인 것에 근거하며 마침내 다른 사람들이 그들을 떠날 때 그들은 망연자실한다. 소위 '이기적' 이라 불리는 이런 사람들은 약한 자아의 전형이며 자기다운 자존감을 가진 사람과 정반대의 사람들이다.

다른 사람을 사랑하기 위해서 우리는 우리 자신을 알아야만 한다. 우리 자신의 요구와 소망을 충족시키기 위해서는 우리가 필요로 하고 원하는 것이 무엇인지를 먼저 알아야만 한다. 만약 우리가 자신에게 관심을 두지 않는다면, 어떻게 이런 일들을 할 수 있겠는가? 자기다워져라. 귀중한 당신 자신을 돌보라. 어느 누구도 그것을 할 수 없다. 당신이 원하고 요구하는 방식대로 해 줄 수 있는 사람은 당신 말고는 아무도 없다.

지나치게 많은 자존감은 자기중심성을 가져오는가?

아니다. 당신은 지나치게 많은 자존감을 가질 수 없다. 자존감은 하나의 과정이지 목표가 아니다. 그것은 일용품이 아니다. 그것은 당신이 매일 실행하는 것이다. 자존감은 당신 행동과 당신 자신을 결부시켜 생각하는 자신에 대한 감정이다. 그것은 안전해지는 것, 사랑받고, 강하며, 유능하다고 느끼는 것을 의미한다. 당신이 덜 안전하고 혹은 덜 사랑받고 혹은 덜 유능하다고 느끼는 때가 있을 것이다. 이런 때가 당신이 '약한 자아'에 더 취약해지는 시간들이며, 다른 사람이 당신을 그들 생활의 중심에 놓아 주고 당신의 요구를 채워 주길 바라게 되는 시간들이다. 자기중심성은 충분한 자존감이 없을 때 발달한다. 다른 사람이 당신을 보살펴 주길 바라는 감정을 해결하는 가장 좋은 방법은, 다른 사람이 당신에게 해 주었으면 하고 바라는 것을 당신이 자신에게 더 많이 해 주는 것이다. 만약 당신이 관심이 필요하다면 자신에게 많은 관심을 주라. 만약 당신이 칭찬을 듣고 싶으면 자신을 칭찬하고 추켜세우라. 당신이 가장 듣고 싶어 하는 것을 정확하게 말하라. 만약 당신이 자신을 믿지 않는다면, 어떻게 다른 사람이 칭찬하는 것을 믿을 수 있겠는가?

그것이 칭찬이거나 선물이거나 점잖은 친절이거나, 우리가 필요로 하는 것을 우리 자신에게 정확하게 줄 때, 우리가 충족되고 완전하며 안전하다고 느낄 때 우리는 다른 사람을 사랑하고 싶어진다. 우리는 우리 자신과 우리 주위의 사람들을 위해 일할 더 많은 힘을 가지게 된다. 우리는 자신과 다른 사람의 잘못을 더 잘 받아들이게 된다. 모든 것이 더 단순해지고, 일들이 더 잘되어 가는 것 같다. 우리는 완전하다고 느끼기 때문에 만약 사람들이 우리가 바라는 걸 해 주지 않고 말해 주지 않더라도 당황하지 않는다.

아마도 두 개의 과자 단지 은유는 이런 모순의 예를 보여 주는 것 같다. 우리들 각자는 내부에 두 개의 과자 단지를 갖고 있다. 하나는 우리 자신을 위한 것이고 다른 하나는 우리 주위에 있는 모든 사람들을 위한 것이다. 우리는 다른 사람을 위한 과자 단지를 채우도록 배워 왔고, 이 과자 단지를 채우기 위해서 많은 과자를 구웠다. 우리는 우리 자신을 위한 과자 단지에 넣을 과자를 굽지 말라고 배웠다. 심지어 우리 자신을 위해 과자를 굽는 것은 생각하지도 말라고 배웠다. 어쨌든 우리가 다른 사람을 위해 과자를 계속 굽는다면 우리의 과자 단지는 그 안에 어느 정도 과자를 갖게 될 것이다. 이 가르침이 가정한 바로는, 다른 사람들이 우리를 위해 과자를 구울 것이고 모든 사람은 행복해질 것이다. 그러나 실제로는 이런 식으로 되지 않는다. 우리의 과자 단지는 보통 비어 있으며, 만약 어떤 사람이 그 안에 과자를 넣는다 해도 그들은 절대로 우리가 원하는 때에 원하는 종류의 과자를 정확하게 넣지 않는다. 다른 사람들이 우리가 구운 과자를 먹는 걸 보면서 우리가 박탈감, 분노를 느끼기 시작하는 건 당연하다. 그 모순은 너무 단순하다. 먼저 당신의 과자 단지를 당신이 원하는 것으로 정확히 채우라. 그리고 남는 것으로 다른 사람의 과자 단지를 채우라. 당신의 과자 단지는 항상 채우라. 당신 가족이 자신들의 과자 단지를 먼저 채우게끔 가르쳐라. 모든 사람이 승리할 것이다.

어떻게 나는 자존감을 가지는 걸 배울 수 있는가?

새로운 것을 가장 쉽게 배우는 방법은 좋은 선생님을 찾는 것이다. 자존감을 가르치는 선생님을 찾는 일이 항상 쉬운 건 아니다. 모든 치료자나 목사님 또는 상담자가 당신 자신을 사랑하는 법을 가르칠 수 있는 건 분명히 아니다. 당신은 당신에게 가르칠 것을 직접 실천하는 역할 모델이 필요하다. 그런 사람은 자신을 사랑하는 법과 그 기술을 가르치는 방법을 실제로 아는 사람이다. 자존감은 학습된 기술이며 저절로 오는 일은 거의 없다. 기억하라. 지금까지 당신은 당신 자신을 사랑하지 않는 법을 배웠으며 이제 당신은 자신을 사랑하는 법을 다시 배워야 한다.

자존감 배우기는 당신이 새로운 기술을 배우는 거라고 생각하라. 만약 당신이 실제로 굳게 결심했고 자존감을 배울 필요가 있다면 당신은 그것을 배우게 될 것이다. 잘못 배운 것을 다시 고쳐 배우는 것보다 그것을 처음으로 배우는 것이 훨씬 더 쉽다. 예를 들어, 당신이 외국어를 배웠다고 하자. 수년간의 공부 후에 교사가 지독히 나쁜 억양을 가졌고 당신에게 틀린 발음을 많이 가르쳤다는 걸 발견했다. 그 언어를 정확히 말하기 위해서는 당신은 그전에 학습했던 것을 버리고, 잘못된 발음을 정확한 발음으로 바꿔야만 한다. 이 일은 처음에 정확하게 배우는 일보다 훨씬 더 어렵다. 훨씬 더 어렵긴 하지만 만약 당신이 실제로 굳게 결심한다면 불가능하지 않다. 자존감은 당신에 대해 생각하는 법과 당신에게 사랑하는 매너로 행동하는 법을 재학습하는 것이다. 당연히 학습이 새로우며 오염되지 않은 때인 아주 어린 아동일 때 당신 자신을 사랑하는 기술을 배우는 것이 훨씬 더 쉽고 자연스럽다. 불행히도 자존감을 가진 선생님과 역할 모델이 없기 때문에 이 일은 우리들 대부분에게 일어나지 않는다. 그래서 우리는 잘못된 모델이 가르친 것을 받아들여야만 한다. 이것은 우리 자신의 잘못이 아니며, 우리 선생님들의 잘못도 아니다. 왜냐하면 선생님들도 잘못된 가르침을 받았기 때문이다. 그러므로 과거에 자존감을 우리에게 가르치지 않았다는 사실에 화를 내고 분노하는 건 현재 우리가 시간을 낭비하고 기술 습득을 지연시키고 있다는 걸 의미한다.

자존감을 배우기로 결심하는 일부터 시작하라. 만약 자존감이 아주 충분해지길 바란다면, 당신은 그렇게 될 것이다. 사람은 매우 필사적일 때 어떤 것을 배울 수 있다. 굳게 결심하라. 그리고 자존감을 분명하게 가진 역할 모델을 찾으라. 이런 사람들은 그들이 자신을 얼마나 많이 사랑하는지 혹은 그들이 얼마나 멋있는지 말하지 않는다. 그들은 예의 바르고 차분한 강점으로 그리고 다른 사람의 행동을 격려하고 강화하는 것으로 그걸 보여 준다. 그들은 자신 있고 균형 있게 보이며 자신들의 약점과 실수를 인정하며 종종 그것을 보고 웃는다. 그들은 다른 사람을 비웃거나 판단하지 않는다. 그러나 자신과 다른 사람들을 더 많이 참고 받아들인다. 당신은 이런 사람 가까이에 있는 것이 좋게 느껴질 것이다. 현재의 당신을 있는 그대로 받아들이고 당신 자신에 대해 좋게 느끼도록 격려하는 사람들 가까이에 있는 게 무엇보다 중요하다.

일단 당신이 역할 모델을 발견했다면 아마도 치료자, 교사, 친척이나 친구일 텐데, 그들을 주의 깊게 관찰하라. 그들은 거절당했을 때 어떻게 하는가? 그들은 완전해지려고 노력하는가? 실수했을 때 그들은 어떻게 하는가? 그들 삶에 있는 많은 불공평함을 어떻게 극복하는가? 그들에게 물으라. 그들을 관찰하라. 그들의 이야기를 듣고 배우라. 그러나 그들이 모든 답을 알 거라고 기대하지는 말라. 그리고 그들이 당신의 고통을 가져가고 당신을 고쳐 줄 것이라고 기대하지 말라. 좋은 역할 모델들은 인내심이 있고 정다운 교사들이다. 그들의 자존감은 당신에게 예속된 것이 아니다. 좋은 역할 모델은 상호 종속적codependent인 사람들이 아니다.

마지막으로 실천할 준비를 하라. 그리고 실수를 하고, 불완전해지도록 준비하라. 자존감은 하나의 인간 속성이며 일생에 걸친 노력이다. 그것은 약효가 빠른 마약주사가 아니다. 그것은 이 세상에서의 존재방식이며, 당신 자신을 알게 해 주고 보살피게 해 준다.

왜 자기계발서는 내게 효과가 없는 걸까?

자존감을 배우는 방법에 대한 앞에서의 질문들에서 나는 자기계발서self-help books 읽기를 답으로 제시하지 않았다. 이 책이 자기계발서로 간주되기 때문에 그것은 기묘한 생략으로 보일지도 모른다. 그러나 자기계발서 읽기가 자존감 발달을 가져오지 않는 세 가지 이유가 있다.

첫 번째 이유는 대부분의 사람들이 빠르게 고쳐지길 바라면서 이러한 책들을 사서 읽는다는 점이다. 그들은 그 책이 답이 될 것이며 책을 읽는 동안 답을 흡수하게 될 거라고 기대한다. 대부분의 자기계발서들은 어떤 형태로도 답을 갖고 있지 않다. 그러나 바로 자존감의 특성은 그것을 생활로 실천하는 것이며, 이런 기술들은 그 기술에 대한 책을 읽는 것만으로는 획득될 수 없다. 그 기술들은 활동과 실천을 통해서 학습되어야만 한다. 자존감은 실천을 통해서만 내면화될 수 있다. 어떤 사람이 자존감을 배우는 방식에 대해 쓴 책을 읽는 것으로는, 자존감이 당신에게 주어질 수도 또 당신이 자존감을 획득할 수도 없다. 이 말은 자기계발서가 가치 없다는 뜻이 아니다. 그러나 그 책들 혹은 내가 쓴 이 책은 도구로 사용될 때만 가치가 있다. 책을 읽는 것만으로는 그것을 하지 못한다. 당신은 혼자가 아니며, 다른 사람들 또한 지금 당신이 있는 그 입장에서 변화하는 걸 배웠고, 변화가 가능하다는 것을 배우기 위해 책을 읽는 것은 당신이 그 과제를 계속하도록 도와준다. 그러나 그 책들이 치료가 될 수는 없다. 그리고 대부분의 사람들은 책을 다 읽고 나면 그들이 즉각적으로 달라질 거라고 생각하며 책을 사서 읽는다. 그 책들은 생각하는 법과 다른 사람들에게 효과적인 게 무엇인지는 말해 줄 수 있다. 그러나 그 책들은 당신을 예측하고 쓰일 수는 없다. 어떤 사람도 당신을 예측할 수 없다. 당신이 선택한 역할 모델조차도 그것을 할 수 없다. 당신이 당신 자신을 위해 이 일을 해야 한다.

대부분의 자기계발서들이 실패하는 두 번째 이유는 그 책들이 처음에 시작하면서 변화를 약속한다는 점이다. 그 책에는 당신 자신을 변화시키는 방법, 당신이 현재 하고 있는 것과는 다르게 아마도 더 낫게 일하는 방법, 당신 생활에서 잘못되었거나 혹은 망가진 것이 무엇이든 그것을 고치는 방법에 대해 쓰여 있다. 이것은 사람을 치료로 이끄는 바로 그 개념이다. 여기에서 생략된 것은 수용accepting 개념의 이해다. 여기에 있는 모순은 변화하려면 먼저 당신 자신을 수용해야만 한다는 점이다. “10kg

의 살을 뺐을 때, 승진하게 되었을 때, 어떤 사람이 나를 사랑할 때, 내가 바라는 걸 갖게 될 때, 내가 변했을 때… 나는 나 자신을 사랑하게 될 거야."라고 말하는 게 훨씬 더 쉽다. 변화에 초점을 두는 건 통과해 나가려는 벽에 당신 머리를 부딪치는 것과 비슷한 일이다. 현재의 당신을 받아들이는 것은 그 벽으로부터 뒤로 물러서게 만들고, 판단하지 않으면서 그 벽을 관찰하게 하며, 그 벽에 있는 문을 보게 해 준다. 수용은 벽을 지나갈 문을 제공하며 변화가 일어나게 해 준다. 수용은 변화의 기초를 제공한다. 당신이 변화를 시작하기 전에 당신 자신을 받아들이려면 변화해야만 한다고 암시하는 게 대부분의 자기계발서의 본래 특징이다.

이것이 자기계발서가 실패하는 세 번째 이유를 가져온다. 그 책들은 환경의 수용과 격려를 제공할 수 없다. 역할 모델은 현재의 당신을 있는 그대로 수용함으로써 당신이 당신 자신을 수용하도록 도울 수 있다. 역할 모델은 당신 자신을 보면서 변화로 가는 길을 발견하도록 도울 관찰하는 눈observing eyes을 제공할 수 있다. 당신은 자신에게 실제로 그 작업을 해야만 하고, 자존감 학습이 고통스러운 과정이 될 수 있다고 말해 왔다. 당신의 역할 모델은 당신이 자신을 수용하도록 도울 수 있고, 변화가 일어나는 걸 지지하고 촉진하는 환경을 제공할 수 있다. 이 책을 포함해서 자기계발서는 학습과정을 보충해 줄 수 있다. 자기계발서는 여러 도구 중 하나로 잘 사용될 수 있다. 그러나 자존감 학습의 유일한 도구는 될 수 없다.

자존감을 가지면 나는 행복해질까?

반드시 그런 건 아니다. 자존감이 행복을 뜻하진 않는다. 자존감은 자신에 대한 인식, 자신에 대한 깊고 지속적인 존중, 자신에 대한 큰 사랑을 의미한다. 그것은 당신 자신과 당신 행동에 대해 느끼는 방식을 뜻하는 것이며, 이를 제외한 다른 어떤 것을 통제하는 걸 뜻하지는 않는다. 자존감은 당신이 감정을 조절할 수 있다는 걸 뜻하지 않는다. 행복은 하나의 감정이고 그러므로 당신이 통제할 수 있는 것이 아니다. 그러나 자신을 사랑하는 일은 종종 행복감이나 큰 내적 만족감을 가져온다. 그러나 항상 그런 건 아니다.

당신은 자신의 감정을 통제할 수 없는 것과 마찬가지로 다른 사람의 감정도 통제할 수 없다. 당신은 실제로 다른 사람의 행동을 통제하지 못한다. 그러므로 당신은 당신을 둘러싼 환경을 통제할 수 없다. 우리 행복의 많은 부분이 다른 사람과 환경에 따라 좌우되기 때문에 행복해지는 건 보통 우리의 통제 아래 있지 않다.

당신 자신을 사랑하는 걸 선택하는 것은 세상을 바꾸지 못하고 오직 당신의 세상만을 바꾸는 것임을 깨닫는 게 중요하다. 일단 당신이 자존감을 갖게 되면 외적인 것을 지각하는 방식이 달라진다. 당신은 당신의 개인적인 힘을 당신이 통제할 수 없는 사물이나 다른 사람들에게 쓰는 것을 더 꺼리게 된다. 자존감을 갖는다 해서 세상이 공평해지지는 않으며, 당신과 당신이 사랑하는 사람들에게 나쁜 일들이 계속 일어날 수도 있다. 자존감을 갖는 것이 삶의 고통을 느끼지 않도록 보호하지는 못한다. 그러나 자존감을 갖는 것은 당신이 고통을 극복할 수 있게 해 준다. 당신은 여전히 슬픔과 공포, 분노, 그리고 때때로 두려움을 느낄 것이다. 그러나 자존감을 갖는다는 것은 당신이 자신을 믿고 어떤 일이 일어나든지 최선의 능력으로 그것을 다룰 수 있음을 아는 강점을 갖게 된다는 걸 의미한다. 당신을 사랑하는 건 어떤 일이 일어나든지 당신 자신을 위해 당신이 그곳에 있을 거라는 걸 당신이 알게 되는 걸 뜻한다. 이런 자각은 당신을 행복하게 만들 수 있다.

기억하라. 자존감의 목표는 행복이 아니라 내적인 평화와 균형 그리고 전체성wholeness이다. 삶은 고통의 극복을 뜻하는데 그런 삶을 살면서 동시에 항상 행복하길 기대하는 건 비현실적이다.

자존감을 가지면 나는 완벽해질까?

아니다. 당신은 절대로 완벽해지지 않는다. 완벽한 사람은 존재하지 않는다. 완벽의 개념은 위험하고 파괴적인 착각이다. 자존감 발달은 당신이 불완전함을 인식하고 받아들이게 되는 걸 의미한다. 현재의 당신 자신과 평화로운 관계를 유지하고 당신이 할 수 있는 일에 최선을 다하려고 애쓰라. 그러나 절대로 완벽해지는 걸 당신의 목표로 삼지는 말라.

자신을 사랑할 때, 당신은 즉각적으로 자신에게 더 친절한 사람이 된다. 당신은 실수했을 때 자신에게 너그럽게 대하는 걸 배운다. 당신은 인간이기 때문에 실수하고, 실수했을 때 자신에게 애정을 가지고 대한다. 이것은 때때로 실패하며 옳지 않다는 이유로 자신을 때리는 일을 멈추는 걸 의미한다. 그리고 자신을 용서하고 다음에는 다른 걸 시도하게 되는 걸 의미한다. 당신은 실수를 통해 많은 걸 배울 수 있고 실수를 선생님으로 여기는 법을 알게 된다. 만약 당신이 완벽하다면 더 이상 어떤 새로운 것을 배울 필요도 없다. 그러면 인생이 어떻게 흥미로울 수 있겠는가?

자존감은 자신의 실수를 사랑하는 마음으로 웃어넘기는 걸 의미한다. 그것은 또한 당신의 행위와 선택이 긍정적인 결과를 가져오든 부정적인 결과를 가져오든 그것에 책임을 지는 걸 의미한다. 우리들 대부분은 어떤 이유 때문에 행동을 한다. 자존감은 때때로 우리의 이유가 잘못되었다는 걸 수용하는 것을 의미한다.

당신이 자존감을 배우고 난 뒤 실수를 했을 때, 당신이 자신과 다른 사람에게 준 고통이 진정으로 유감스러울 것이다. 살면서 고통을 일으키지 않는 건 불가능하다. 죽으면서 고통을 일으키지 않는 것도 불가능하다. 존재모델은 고통이 존재하며 삶의 부분임을 받아들인다. 자존감은 당신이 고통비난pain-blame을 멈추는 걸 의미한다. 이것은 당신이 완벽해지려는 노력을 중단하고, 당신의 불완전한 상태와 실수를 받아들이며, 자신에게 현실적인 기대를 가질 수 있음을 의미한다.

어쨌거나 누가 실제로 완벽해지길 바라는가? 그것이 뜻하는 바가 무엇인지 생각해 보라. 어떻게 당신은 다른 어떤 사람과 연관될 수 있는가? 누가 당신을 이해할 수 있고 누가 당신을 이해할 것인가? 당신은 공감과 공유에 대해 어떻게 알게 될 것인가? 당신이 판단으로부터 자유로워지는 게 어떻게 가능한가?

완벽하게 되는 것이 얼마나 외롭고 비현실적인지 상상해 보라. 당신이 완벽해질 수 있다고 한다면, 당신은 정말 그렇게 되기를 선택할 것인가?

언제쯤이면 나는 충분한 자존감을 갖게 될까?

절대로 그렇게 될 수 없다. 자존감은 일용품이나 목표가 아니다. 자존감은 하나의 과정이다. “나는 도달했다. 나는 충분히 갖고 있다. 나는 나 자신에 대해 배우고 나 자신에게 영향 주는 걸 멈출 수 있다.”라고 자신에게 절대로 말하지 않게 될 것이다. 이런 생각들은 목표지향적인 서구 모델에서 나오며 실제의 생활을 반영하지 않는다. 당신 삶에는 당신이 시계를 멈추고 사물들을 있는 그대로 유지할 수 있는 시간이 없다. 영웅의 임무를 기억하라—자신은 세상을 바꿀 수 없지만 어떻게 해서든 최선을 다한다는 걸 아는 것이 그의 임무이다. 삶은 도전이고 자신을 사랑하는 걸 배우는 건 그 도전의 한 방법이다.

당신을 둘러싼 세상이 당신에게서 떨어져 나갈 때, 사랑하는 사람이 당신을 떠날 때, 안전하다는 착각이 사라질 때 당신이 실제로 자존감을 가졌음을 알게 될 것이다. 이때 당신은 슬프고 화나고 혼란스럽고 두려워지겠지만, 여전히 자신을 사랑하고 자신을 사랑으로 대한다. 사실 이때가 자신을 더 사랑하게 되는 때이다.

당신은 자존감을 저장해 두었다가 필요할 때 꺼낼 수는 없다. 자존감을 실천하는 건 당신의 몸을 훈련시키는 것과 비슷하다. 만약 1년 동안 매일 훈련하고도 다음 한 달 동안 훈련을 하지 않으면 당신은 다시 시작해야 한다. 훈련을 멈춘 뒤에는 당신 몸은 이전의 모든 연습을 기억하지 못하고 이전과 같아질 것이다. 자존감 실천은 언제나 자존감을 실천하는 걸 의미한다. 당신은 실천을 멈추고 같은 결과를 바랄 수는 없다. 당신은 자신을 사랑하는 걸 배운 뒤에 사랑하는 걸 멈추고 당신이 필요할 때 사랑받는다고 느끼길 바랄 수 없다. 그러나 당신이 더 많이 실천할수록 그것은 더 쉬워진다. 얼마 후에는 다른 습관과 마찬가지로 그것 또한 당신 자신을 잘 다루고, 당신이 필요로 하고 바라는 것을 자신에게 요구하고, 당신 자신에게 그것들을 주는 2차 특성이 된다. 연습 프로그램에 있는 것과 같이 익숙하지 않기 때문에 항상 시작은 어렵다. 당신의 자존감을 매일 실천한다면 잠시 후에 이전 방식으로 돌아가는 걸 상상할 수 없게 된다. 그리고 일단 당신 자신을 진정으로 사랑하는 감정을 경험하게 되면, 그것을 잃고 싶지 않을 것이다. 절대로 자존감은 충분할 수 없으며, 당신은 자존감에 대해 양적으로 생각하지 않을 것이다.

언제 내가 괜찮은지 어떻게 알 수 있는가?

지금 당신의 부분들은 좋다. 단 한 가지 걱정해야 할 일은 왜 당신이 지금 현재의 자신을 사랑하지 않는 걸 선택하는가이다. 자존감 실천을 선택하자마자 당신은 자신을 실행 경로가 아닌 존재 경로에 두게 될 것이다. 기억하라. 존재모델은 판단하거나 비교하지 않는다. 당신은 바로 지금 현재의 당신이다. 만약 당신 자신에 대해 더 좋게 느끼길 바란다면, 당신 자신을 사랑하는 방식으로 행동을 시작한다. 당신은 언제나 자신에게 "나는 지금 나에 대해 어떻게 느끼는가?"라는 질문을 한다. 그리고 당신의 반응이 어떤 것이든 당신은 자신을 사랑으로 대한다. 만약 당신이 자신을 미워한다고 느낀다면, 당신이 그것을 선택했음을 기억하라. 그것이 우리 자신을 우리 행동으로부터 분리하게 해 준다. 우리 자신을 미워하는 것보다 우리의 행동을 미워하는 게 더 쉽고 덜 고통스럽다. 만약 당신의 행동을 미워한다면 다음번에 당신이 할 수 있는 다른 행동을 생각해 보라. 고쳐라, 그리고 자신을 용서하라. 너그러이 봐주라.

얼마 후 당신은 자신에 대해 편안하게 느끼게 하는 방식으로 행동하고 싶어지고, 당신에게 불편을 가져오는 일은 하기가 더 어려워진다. 좋아하는 행동과 자신에 대해 긍정적인 감정을 고취하는 행동을 선택하는 것이 제2의 천성이 된다. 당신은 자신을 더 많이 통제한다고 느끼기 시작하고 자신을 더 자랑스럽게, 더 좋게 느끼기 시작한다. 이 전체 과정은 사랑으로 강화하는 하나의 원이 된다. 당신은 자신을 사랑하는 걸 연습한다. 당신은 사랑하는 행동을 연습한다. 그리고 당신은 자신을 사랑하는 일이 더 쉬워짐을 발견한다.

현재의 나 자신을 어떻게 수용할 것인가?

이 질문은 이 책에서 가장 중요한 질문이다. 그 답은 우리가 수용하려고 하는 대상우리 자신이 갖고 있는 모든 감정이나 개별 요소들에 대해 반드시 동의하지 않거나 싫어하더라도 실제의 우리 자신을 수용하는 걸 배우는 데 있다. 이것은 우리 자신의 모든 특성에 대한 동의나 인정 없이도 우리의 전체wholeness, 즉 전체성totality에 동의하거나 그것을 인정할 수 있음을 의미한다. 이것은 우리가 받은 교육과 반대이다. 우리가 받은 훈련은 자신을 수용동의하고 인정할 수 있기 전에 반드시 우리가 완벽해야 한다고 가르친다. 우리는 실제의 우리 자신, 지금 바로 우리의 모든 부분에 대한 동의나 인정을 필요로 하지 않기 때문에 우리의 전체성, 우리의 역할, 우리 행동의 수용을 시작할 수 있다. 수용은 이해를 뜻하지 않는다. 우리들 대부분이 삶전쟁, 굶주림, 고통, 죽음의 모든 복잡성을 결코 이해하지 못하는 것과 마찬가지로, 우리 자신이 갖는 복잡성의 모든 이유를 절대로 이해하지 못할 것이다. 수용은 변화를 의미하지 않는다. 우리가 삶을 수용하는 것이 삶을 변화시키지는 않는다. 그리고 자신을 수용하는 게 우리를 변화시키지는 않을 것이다.

그렇다면 수용은 무엇인가? 수용은 어떤 걸 받아들이고, 기꺼이 받고, 인정하는 것을 의미한다. 우리가 현재와 달랐으면 하고 바랄 때는 우리 자신을 수용하는 게 어렵다. 그러나 우리 자신의 실제와 전체성을 수용하기 시작하는 건 자존감 발달에 중요하다. 수용은 현재 있는 그대로의 우리 자신을 보는 것, 현재의 자신이도록 허용하는 걸 의미한다. 뽀빠이가 "나는 현재의 나다. 그리고 현재의 내가 전부다."라고 매우 지혜롭게 말했듯이 이 순간에는 그것으로 충분하다.

자기 수용acceptance of self이란, 판단하지 않으면서 당신 자신을 보고, 당신이 누구인지 안과 밖을 살펴보는 걸 의미한다. 그것은 당신 자신에 대해 명상하기 혹은 자신의 객관적 관찰자가 되기와 같은 과정이다. 판단을 중단하고 현재의 당신이 어떤 사람인지 살펴본다. 실제의 자신을 매우 꼼꼼히 살펴본다. 이 과정은 쉽지 않지만 필요하다. 이것을 하는 한 가지 방법은 옷을 벗고 거울 앞에 서서 자신을 쳐다보는 것이다. 당신이 좋아하지 않는 부분을 보게 될 때 보는 행동을 멈추지 말라. 당신이 보고 있는 부분에 대해서 좋지도 싫지도 않은 중립이 될 때까지 계속해서 쳐다보라. 이제 당신은 자신을 관찰하는 눈을 갖게 된다. 피부와 지방과 표면을 통과해서 볼 때까지 자신을 계속 쳐다보라. 외적인 것을 통과해 볼 수 있을 때까지 계속 쳐다보라. 두려워하지 말라. 당신은 실제의 자신을 보고 있는 것이다. 그리고 모두 다 보았을 때 그것을 받아들여라. 이것이 결점도 있는 그대로 숨기지 않는 당신이다. 당신은 계속해서 가지고 있고 싶은 외적이고 내적인 좋은 부분들도 본다. 그리고 없애 버리고 싶은 부분들도 본다. 당신은 한 인간을 본다. 행동하거나 반응하지 말라. 단지 관찰만 하라. 그리고 관찰을 끝낼 때 자신에게 당신이 본 모든 것이 괜찮다고 말하라. 좋거나 나쁘고, 옳거나 그른 것이 아닌 오직 괜찮다okay, 이것이 수용이다.

자신을 수용하는 걸 배우는 다른 방식은 종이 한 장을 가져와 가운데에 수직선을 긋는 것이다. 그리고 한쪽 칸에는 '나에 대해 좋아하는 것들' 이라는 이름을 붙인다. 다른 쪽 칸에는 '나에 대해 좋아하지 않는 것들' 이라는 이름을 붙인다. 그런 뒤 양쪽 칸을 채우라. 시간을 두고 당신에게 일어난 일들을 추가하라.

반복해서 말하지만 두려워하지 말라. 대부분의 사람들이 '싫어하는 것' 을 써넣는 일이 더 쉬우며 '좋아하는 것' 을 써넣는 일이 더 어렵다는 걸 발견한다. 이것은 우리가 받은 잘못된 훈련 때문이다. 이 일을 당신 자신의 합성된 모습이 만들어질 때까지 계속하라. 만약 도움이 필요하면 가족과 친구, 특히 당신의 역할 모델에게 도움을 구하라. 이 일을 끝마쳤을 때 동전을 생각하라. 동전은 양면을 가진다. 어떤 면도 옳거나 그르거나 더 나은 것이 아니다. 이제 당신의 목록을 동전의 양면으로 생각하라. 한쪽을 갖기 위해서는 다른 한쪽도 가져야만 한다. 한쪽이 다른 쪽에 따라 어떻게 좌우되는지를 생각해 보라. 예를 들면, 만약 당신이 조직화된 사람이라는 사실을 좋아하고 어떤 것에 대해서 지나치게 강박적이라는 사실을 싫어한다면, 그 두 사실 사이의 관계를 찾아보라. 당신은 때때로 강박적이지 않고는 항상 조직화될 수 없다. 만약 당신이 인내심이 있다는 사실을 좋아하고 당신이 때로 느리고 현학적이라는 사실을 싫어한다면, 다시 그 두 사실 간의 관계를 살펴보라. 당신은 자신이 재정적, 정서적으로 너그러운 사람이라는 사실을 실제로 좋아할지도 모르지만, 때때로 다른 사람이 당신을 이용한다고 느껴지는 일은 싫어할 수도 있다. 당신은 우리가 좋아해서 다른 사람에게 보여 주는 측면과 우리가 싫어하고 숨기려는 측면—밝은 측면과 어두운 측면—사이의 관계를 볼 수 있는가?

당신이 좋아하지 않는 것 모두가 당신이 좋아하는 것에 대응되는 면을 가진다. 만약 부정적인 것의 긍정적인 측면을 찾는 데 도움이 필요하면 도움을 청하라. 당신은 완벽해질 수 없다는 걸 기억하고 또한 판단을 중지하는 걸 기억하라. 당신이 완벽해질 수 없는 것과 마찬가지로 완벽한 실패자일 수도 없다. 당신 자신에 대해 좋아하지 않는 모든 것은 긍정적인 대응 부분을 가지고 있다. 부정적인 부분만 보는 걸 멈추고 긍정적인 부분을 수용하라. 부정적인 부분과 긍정적인 부분 사이의 균형을 찾도록 하라.

수용은 시작이다. 수용은 변화가 일어나도록 해 준다. 당신 자신을 수용하기 위해 변해야만 하는 건 아니다. 당신의 역할 모델은 당신이 가진 긍정적인 점들을 볼 것이다. 당신의 역할 모델은 당신의 좋은 면을 봄으로써 당신으로 하여금 당신 자신이 갖는 좋은 면을 보도록 해 준다. 두려워하지 말라. 당신에게도 좋은 면이 있다.

만약 나 자신에게 동의하지 않거나 나 자신을 이해하지 못한다면 어떻게 나 자신을 수용할 수 있는가?

당신 자신을 수용하는 일은 행동과정과 사고과정 모두를 포함한다. 먼저번 질문에서 말했듯이, 당신이 그 과정을 시작하는 데 사용할 수 있는 행동기법들이 있다. 당신 자신을 수용하기 위한 인지과정은 당신이 다음에 있는 일들을 하면서 시작된다.

1) 부정하는 걸 멈추라. 당신 자신을 수용할 수 없다는 생각을 멈추라. 당신이 진정으로 원한다면 할 수 있고 하게 된다.
2) 판단을 중지하라. 세상의 모든 것을 이분법으로 나눌 수 있는 건 아니다. 모든 것이 좋거나 나쁘고, 옳거나 그르고, 긍정적이거나 부정적이지는 않다.

3) 당신의 방어를 인식하라. 방어는 당신이 움직이는 걸 멈추게 한다. 방어는 과거에는 효과가 있었을지 모르나 지금은 방해가 된다.
4) 착각을 없애라. 착각은 실제가 아니다. 실제와 실제의 당신은 존재한다. 당신 주위에 있는 사람들은 모두 실제의 당신을 알고 있다. 이제 당신이 자신을 알아야 할 때이다.
5) 의식적 · 반성적 관찰을 활용하라. 다른 사람이 당신을 관찰하는 것처럼 당신 자신을 관찰하라. 다른 사람들에게 보이는 건 당신이 한 일이지 당신이 하고 싶어 한 것이 아니다. 당신의 행동은 중요하고 당신은 행동을 통제할 수 있다. 당신의 감정, 꿈, 희망, 소원은 당신의 실제가 아니다. 그것들은 현재의 당신을 이루는 한 부분일 뿐이다.

우리가 받아들이기는 하지만 동의하지 않거나 이해하지 못하는 일들은 많다. 전쟁, 굶주림, 불공평한 삶, 죽음은 우리가 매일 다루는 일들이다. 그것들을 좋아하지도 않고 완전하게 이해하는 것도 분명 아니지만, 우린 이런 것들이 존재한다는 걸 받아들인다. 우리는 이 모든 것의 한 부분이며 바로 우리의 존재가 우리가 충분히 이해하지 못하는 어떤 일들을 겪으며 살아가고 있음을 증명한다. 당신은 당신의 생활을 좋아하지 않고, 당신 자신을 좋아하지 않고, 어떤 다른 사람이 되거나 다른 곳에 있길 바랄 수 있다. 당신의 감정은 당신이 처한 실제의 상황을 바꾸지 못한다. 당신의 행동만이 당신을 바꾼다. 자신의 수용은 행동이다. 당신은 그것을 할 수 있다.

수용은 포기나 굴복이 아니다. 자신을 수용하는 일은 자신을 부정하는 것보다 더 적은 노력과 힘이 든다. 결국은 그것이 훨씬 더 쉬운 과정이며, 수용만이 당신이 자존감을 갖고 최선을 다하는 데 필요한 힘을 강화시킨다는 걸 발견할 것이다. 어렵고 낯선 것 같은 느낌은 단지 초기에만 있을 뿐이다. 기억하라. 당신은 기술을 재학습하고 있다. 이 일은 시간이 걸리고 '잘못된 것처럼' 느껴진다. 그것을 유지하라. 그 상태로 머무르라. 수용은 실제로 작용한다. 수용 후엔 모든 것이 더 쉽다. 그러나 당신이 자신을 수용할 수 없다면 자신을 알 수 없다. 그리고 만약 자신을 모른다면 당신이 자신을 사랑한다는 걸 결코 믿지 않게 될 것이다. 당신은 진정으로 사랑스럽다. 당신이 사랑스럽다는 걸 수용하라. 당신은 좋은 사람이고 사랑받을 만한 가치가 있다. 이것을 믿어라. 자기애와 자존감은 당신의 것이 될 것이다.

자신을 사랑하고 돌보는 일은 어떻게 시작하는가?

당신은 다른 사람과 사랑에 빠지는 것과 같은 방식으로 당신 자신과 '사랑에 빠진다.' 우선 당신 자신에게 주목하고 당신이 말하는 내용과 말하는 방식, 움직이는 방식, 웃는 방식, 당신이 좋아하는 것과 싫어하는 것과 같은 당신이 하는 작은 일들에 관심을 둔다. 당신이 관심을 갖는 어떤 사람을 수용하는 것과 똑같은 방식으로 당신은 자신을 수용한다. 당신은 자신의 실수를 용서하고 당신의 성취에 대해 자신을 칭찬한다. 당신은 자신에게 친절한 사람이고 일이 잘못되어 갈 때를 고려해 준다. 당신은 성취에 주목하고 공을 인정한다. 당신은 자신을 칭찬하고 당신이 사랑하는 사람에게 말하는 것과 똑같은 말을 당신 자신에게 한다. 필요할 때는 자신에게 타임아웃중간휴식을 주고 상처받았을 때는 자신을 부드럽게 대한다. 거울 속의 자신에게 미소를 짓고 매일 "난 너를 사랑해."라고 말한다.

그것이 처음에는 바보 같거나 어색하게 느껴지지만 당신은 어쨌건 그 일을 한다. 당신이 처음으로 어떤 사람에게 그를 사랑한다고 말했던 때를 기억하는가? 당신은 얼마나 긴장하고, 거절이나 실행을 얼마나 두려워했는가? 이것이 보통 당신이 거울을 보고 자신에게 "사랑해."라고 처음 말할 때 일어나는 일이다. 그것은 간단하지만 쉽지 않다. 시도하고 무엇이 일어나든 받아들여라. 관계에서 서로를 믿는 데 시간이 걸리는 것과 마찬가지로 우리가 그것을 진정으로 믿기까지 잠시 시간이 걸린다. 그러나 만약 그 말을 충분히 자주 계속해서 한다면 마침내 그것을 믿게 된다.

자신에게 말하는 것으로는 충분하지 않다. 어느 누군가에게 말하는 것만으로 충분치 않은 것과 마찬가지다. 당신은 자신에게 애정 어린 방식으로 행동해야만 하고 그 행동을 지속적으로 자주 해야만 한다. 당신이 사랑한다고 말만 하고 무시하고 꾸짖고 나쁘게 대한다면, 그들을 사랑하고 있다는 것을 어느 누구도 믿을 수 없는 것과 마찬가지로적어도 건강한 사람은 이런 조건 아래서 사랑받고 있다고 믿지 않는다, 당신 자신은 당신의 행동이 말과 일치하지 않으면 당신이 자신을 사랑한다고 믿는 걸 배우지 못할 것이다. 자신에게 "사랑해."라고 말하는 것은 중요하다. 왜냐하면 우리는 이 말을 들을 필요가 있기 때문이다. 그러나 대부분의 시간에 당신 자신에게 애정 어린 행동을 하는 것도 마찬가지로 중요하다모든 시간이 아니라 대부분이다. 왜냐하면 우리는 완벽하지 않고 때때로 잊기 때문이다. 그런데 “널 좋아해.”라고 말하는 것은 “널 사랑해.”라고 말하는 것과 결코 같은 것이 아니다. 만약 당신이 당신을 좋아해 준 사람을 사랑한 적이 있다면 그 질적 차이를 이해할 것이다. 자존감은 당신 자신을 좋아하지 않을 때조차도 자신을 항상 사랑하는 걸 의미한다.

거울 앞에서 “나는 너를 사랑해.”라고 말하고 자신에게 애정 어린 행동을 하라는 과제를 받았을 때, 대부분의 사람들은 큰 좌절감을 느낀다. 왜냐하면 그들은 자신이 사랑받는다거나 자신을 사랑한다고 느끼지 않기 때문이다. 만약 이 일이 당신에게 일어난다면, 그것이 정상이라는 걸 알라. 꾸준히 노력하라. 사랑의 감정에 사랑하는 행동이 뒤따라 일어날 것이다. 어느 날 거울을 보면 당신은 자신이 사랑받는다고 느끼게 될 것이다. 기억하라. 사랑은 동사이고 동사는 행위를 기술한다. 자신을 사랑하는 건 당신이 하는 행동이고, 당신이 그 행동을 충분히 할 때 사랑을 느낄 것이다. 그 행동은 당신이 통제하지만 감정은 통제하지 못한다.

당신은 다른 사람을 돌보는 것과 같은 방식으로 당신 자신을 돌본다. 첫째, 당신이 원하는 것이 무엇인지 자신에게 물어본다. 만약 모르면 당신이 필요한 것이 무엇인지 자신에게 묻는다. 만약 당신의 대답이 현실적이거나 가능한 것이라면 그것을 당신 자신에게 해 주어라. 만약 현실적이지 못하고 가능하지도 않다면 그것을 대체할 것을 찾아서 당신 자신에게 해 주어라. 항상 당신 자신에게 무엇인가를 주어라. 당신이 아이였고 가질 수 없는 어떤 것을 원했던 때를 기억하라. 당신은 대체물에 얼마나 빨리 만족했었는가? 아무것도 주어지지 않았을 때만 당신은 속았다거나 사랑받지 못한다고 느꼈다. 당신 자신에게 너그럽게 대하고 애정 어린 방식으로 원하는 것을 주라. 마치 당신 자신을 사랑하는 것처럼 행동하라. 그러면 곧 그렇게 된다.

환상을 갖는 것은 왜 나쁜가?

앞서 말했듯이, 수용을 배우기 위해서 우리는 환상illusion을 없애 버릴 필요가 있다. 왜? 환상, 기대, 신화, 소망들은 아직 탐색하지 않은 삶에만 필요한 전조다. 그것들은 종종 삶의 현실에서 느끼는 고통을 회피하는 데 사용된다. 그리고 우리가 그 순간을 사는 것을 방해한다. 그것들은 무해한 것으로 보일지 모르지만 종종 우리가 우리의 삶을 경험하고 우리의 감정—그것이 유쾌하든 고통스럽든 간에—을 경험하는 걸 막는다. 우리는 순간의 충격을 부드럽게 하고, 방어하고, 변화시키기 위해서 환상을 사용하기 쉽다. 이런 식으로 사용될 때 그 대가가 너무 크다. 환상이 고통으로부터 잘 벗어나게 해 줄지 모른다. 그러나 그러는 동안에 그것은 우리를 삶에 둔감하게 만든다. 고통으로부터 우리를 방어하는 데 환상을 사용할 때, 우리는 환상을 약물처럼 사용하는 것이다. 그래서 그 순간에 우리 자신을 더 이상 넓게 의식하고, 각성하고, 책임지고, 인식하지 못한다. 우리는 더 이상 우리 자신을 관리하지 못한다.

정의에 따르면 환상은 공상이다. 환상은 우리 삶의 현실은 나타내지 않는다. 환상은 대부분 얻을 수 없는 목표를 나타낸다. 환상은 우리의 소중한 시간을 낭비하고 우리가 실제 삶에서의 일들을 본격적으로 하는 걸 막는다. 만약 우리가 원하긴 하지만 갖고 있지 않은 것에 대한 공상으로 삶을 보낸다면 우리가 갖고 있는 것을 즐길 시간이 줄어들게 된다. 서구 모델은 순간을 즐기도록 가르치지 않는다. 대신에 우리가 있었어야 할 곳과거이나 앞으로 있으려고 하는 곳미래에 초점을 두도록 우리를 훈련한다. 지금 여기here and now에는 환상을 위한 장소가 없다.

우리 자신을 알기 위해서는 우리 자신을 수용해야만 하는 것과 마찬가지로 우리 자신을 탐색해야 한다. 그리고 이 탐색은 현실적이어야 한다. 탐색되지 않는 삶은 활기가 없다. 그것은 꿈일 뿐이다. 삶에 대해서 배우고 이 삶 안에서의 자신에 대해 배우기 위해서 우리는 기꺼이 삶을 탐색할 필요가 있다. 환상은 쉽다. 기대는 살인자다. 순간을 다루는 걸 돕지도 못하며 우리가 우리 삶의 현실에 부딪쳐야만 할 때 그 둘 모두 문제를 일으키기 쉽다. 만약 X가 발생했을 때, 모든 것이 더 좋게 되는 환상을 가지고 있다면, 우리는 우리 삶을 앞으로 전진시키고 변화시키려는 동기를 적게 갖게 될 것이다. 대신에 우린 앉아서 X가 일어나기를 수동적으로 기다리거나 아니면 우리의 모든 에너지를 X가 일어나게 하는 데 쏟을 것이다. 그리고 만약 X가 일어나면 우리가 전보다 더 나아지지 않은 것을 자주 발견하게 된다. 실제로 우리는 더 나쁘게 느낄지도 모르며, 좌절하게 되고 우울해질지도 모른다. 환상은 우리가 통제할 수 없는 일들을 통제하기 위해 수동적 행동을 하게 하거나 비현실적인 요구를 만드는 경향이 있다. 환상은 밖으로 향하게 하는 수단이며 그렇기 때문에 그 상황에서의 현실을 회피한다. 환상은 우리가 미래—'만약?' 으로 이루어진 이상적인 곳—의 삶을 사는 데 순간을 보내고 있음을 의미한다. 기대는 우리가 미래에 살고 있음을 말하고 있다는 점에서 환상과 유사하다. 기대는 우리가 통제하지 못하는 좋거나 나쁜 어떤 일을 상상하는 걸 의미한다. 상상하면서 보내는 시간은 낭비되는 시간이다. 미래가 현재가 될 때 그 순간을 사는 것을 제외하고는 우리가 미래에 대해 할 수 있는 건 아무것도 없다. 우리는 현재에서 많은 것을 할 수 있다. 그러나 만약 우리가 미래를 꿈꾸거나 기대하면 많은 일을 할 수 없다.

우리가 환상을 심각하게 받아들이지 않는다면 환상은 유쾌할 수 있다. 꿈꾸기, 희망하기, 계획하기는 그 순간의 현실에 바탕을 둔다면 건설적인 과업이 될 수 있다. 미래의 전망은 현실적이고 이루어질 수 있는 것일 때 생산적일 수 있다. 당신이 6개월 내에 새 도시로 이사 갈 것을 안다면 그곳에서의 당신 생활이 어떤 것일지에 대해 꿈꿀 수 있으며 이사에 대한 계획을 세울 것이다. 이런 일들은 정상적인 사건이며 현실에 바탕을 둔다. 당신의 환상이 현실의 범위를 넘어서서 단지 이사를 했기 때문에 모든 것이 바뀔 거라고 꿈꾸기 시작할 때 위험은 시작된다. 지금 당신은 오직 실패로 이끌 수 있는 일련의 기대를 만들고 있다. 기억하라. 어디로 가든지 당신이 자신을 돌본다. 그리고 당신은 어떤 미해결된 문제들을 가지고 간다. 만약 환상과 기대, 꿈과 소망을 자신과 자신의 생활에서 도피하는 데 사용한다면 그것들이 효과가 없다는 걸 금방 발견하게 될 것이다. 당신은 자신에게서 도망갈 수 없다. 이 순간 지금 여기에 있는 당신 자신을 상대하고 환상을 버리는 것이 더 간단하다. 현실은 충분할 수 있다. 삶은 살 만한 가치가 있고 삶은 현재이다. 당신의 자존감이 미래의 성공에 근거하지 않는 경우에만 미래의 목표와 전망을 갖는 일, 그리고 그것들을 향해 노력하는 일이 현재에 특별한 의미를 줄 수 있다.

현재는 너무 고통스럽고 미래에 고통이 덜해지리라는 것이 유일한 희망일 때가 있을 수 있다. 고통이 지나가리라는 것을 아는 것은 환상이 아니다. 변화가 일어날 것이고 변화가 더 나은 상황을 만들 것임을 인식하는 것을 희망이라고 말한다. 고통스런 현실에 대해 우리가 하는 일, 그리고 우리가 그 현실을 다루는 방식은 적극적 행동이다. 고통의 한가운데를 통과하는 일은 고통을 부정하는 일과 매우 다르다. 고통이 존재하도록 허락하고, 고통 속에 있는 존재인 당신 자신을 수용하고, 이 고통이 시간이 흐르면 줄어들 것임을 기억하고, 고통을 경험함으로써 당신이 더 강해질 거라는 걸 기억하는 일은 고통을 부정하기 위해 환상을 사용하는 것과는 전적으로 다른 과정이다. 탐색된 삶은 고통이 삶의 현실을 이루는 일부분임을 인정한다. 환상, 꿈, 기대, 소망들은 이 탐색과정을 중지시킨다. 그게 바로 그것들이 위험한 이유이다.

왜 나는 방어를 지속할 수 없는가?

우리 모두는 방어를 하고 있다. 방어는 우리가 다룰 수 없는 것으로부터 우리를 보호하는 데 사용된다. 외상外傷 때문에 고통을 받을 때 너무 지나친 고통에서 신체를 보호하기 위해서 신체가 쇼크에 빠지게 되는 것과 똑같이, 정서적 고통이 덮칠 때 방어가 일어난다. 쇼크는 단지 일시적으로 신체를 보호할 수 있을 뿐이고, 쇼크 자체가 위험해지며 종종 치명적인 것과 같이 방어의 과도한 사용 또한 정서적으로 치명적일 수 있다. 방어에 대한 의존은 중독될 수 있고 모든 중독처럼 우리가 삶의 현실을 경험하는 걸 중지시킬 수 있다.

우리가 하는 방어는 무엇인가? 부정, 억압, 외현화, 합리화, 주지화는 좀 더 친숙한 방어들이다. 그것들은 우리가 다루고 싶어 하지 않는 행동을 설명하게 한다. 우리가 있는 그대로를 보고 싶지 않고 받아들이고 싶지 않을 때, 그것들은 우리 자신과 다른 사람의 겉모습만 만들게 해 준다. 그것들은 삶을 감추고 우리 행동, 사고, 감정의 불쾌함을 변명하는 경향이 있다. 우리의 불완전함과 우리가 돌보는 사람들의 불완전함을 다루고 싶지 않을 때 우리는 방어를 사용한다. 삶이 고통스럽고, 죽음이 존재하며, 우리가 좋아하지 않는 어두운 측면을 우리 모두가 갖는다는 사실을 피하려고 방어를 사용한다. 우리가 완벽하지 않고, 삶은 공평하지 않다는 걸 인정할 때, 그리고 약하고 무력하다고 느낄 때 우린 방어적이 된다. 그리고 우리가 그것들을 사용할수록 더욱 필요해진다. 약물과 마찬가지로 방어가 곧 우리를 점거하고 그것들 없이는 우리가 움직일 수 없다는 걸 발견하게 된다. 방어는 무의식적 습관이 된다.

무엇이 해독제인가? 방어이것을 갖고 있다는 걸 항상 의식하는 건 아닌의 사용을 어떻게 멈출 것인가? 첫째, 자신에 대해 책임을 지라. 당신이 사람이고 완벽할 수 없음을 받아들이라. 당신은 실수를 하고, 어두운 면인 '그림자 자기shadow self'를 가지고 있다. 때때로 당신은 나쁜 일, 멍청한 일, 고통스러운 일을 한다. 우리 모두 그렇다. 삶의 큰 모순 중 하나는 우리 자신을 가장 잘 아는 사람은 우리의 어두운 면을 알고 있고 외관을 꿰뚫어 본다는 점이다. 다른 모순은 우리의 비밀인 어두운 면을 일단 우리가 인정하면 그 어두운 면이 우리에게 갖던 힘의 대부분을 잃는다는 것이다. 자신을 책임지는 것은 당신 자신의 잘못을 알고 있음을 인정하는 하나의 방식이다.

방어는 현실의 고통을 피하도록 작용하기 때문에 방어의 필요를 막는 두 번째 방법은 고통을 받아들이는 것이다. 당신이 인정하고 받아들인 것을 부정하거나 억압하거나 합리화할 수는 없다. 수용은 고통을 통과해 나가는 데 필요한 힘을 만든다. 당신이 고통스럽다는 걸 인정하고 그 고통을 다루는 것이 당신이 느끼고 있는 것을 부정하고 합리화하는 것보다 힘이 훨씬 덜 든다. 고통을 느끼는 게 약점은 아니다. 고통을 느끼니까 사람이다.

일단 자신을 책임지게 되고 고통을 느끼는 걸 인정하게 되면, 방어가 필요 없어질 것이다. 방어기제는 당신이 그것을 의식적으로 인식하지 못할 때에만 효과가 있다. 자신과 자기 행동에 대해 책임지는 것은 더 이상 자기에 대해 방어할 필요가 없음을 의미한다. 자기의 약점을 인정하고 당신의 인간성을 받아들이는 건 당신이 방어를 놓아 버리게 해 준다. 더 이상 당신을 보호하기 위한 방어가 필요 없게 된다. 당신은 고통을 충분히 다룰 만큼 강해질 것이다. 당신이 무엇을 하고 있는지 그리고 언제 자신을 방어하는지를 인식하게 되는 것은 자존감을 갖는 일의 일부분이다. 자존감은 우리 자신을 아는 걸 막는 방어기제 같은 것들을 놓아 버리고 지니지 않는 것이다.

놓아 버리는 걸 어떻게 배울 수 있는가?

앞에서의 질문들은 놓아 버리기의 중요성을 강조했다. 우리는 불안전, 죄의식, 불안, 완벽함, 공평함 그리고 우리의 환상과 방어를 놓아 버릴 필요가 있다고 말했다. 이 말은 너무 많은 걸 놓아 버리는 것처럼 들린다. 만약 우리가 위의 모든 것을 놓아 버리는 일을 해낸다면 무엇이 남게 될 것인가?

이런 모든 요소들이 약한 자아weak ego와 우리가 외적 원천으로부터 받는 가치에 관련됨을 주목해야 한다. 위에 있는 모든 것이 우리 자신으로부터 우리를 보호하고 인간 행동을 외적 원인으로 돌리고, 변명하도록 이유를 제공해 준다. 그것들 모두가 왜 우리가 현재의 존재방식으로 살아가는지를 정당화해 주고 우리가 자신을 책임지고 변화시키는 것을 방해한다.

우리가 될 수 없는 어떤 것—완벽한 사람—이 되려는 요구를 놓아 버릴 때 남는 것이 우리의 인간성, 장점, 자신에 대한 신뢰임을 발견할 것이다. 우리는 친절하고, 객관적이고, 책임지는 자기self와 함께 남을 것이다. 우리가 실수를 하고, 고통을 느끼며, 종종 그 이유를 모른다는 깨달음도 함께 남을 것이다. 그것이 어디가 나쁘단 말인가?

무언가를 놓아 버리는 걸 배우는 가장 좋은 방법은 애정을 기울이며 그것들을 놓아 버리는 것이다. 당신이 놓아 버리는 대상을 미워하거나 그것과 싸우지 말라. 그보다는 그것 모두에 경의를 표하고 당신의 과거, 당신의 죄, 당신의 방어 그리고 환상, 그 모든 것이 현재 당신이 있는 이곳으로 당신을 데려왔음을 깨달아야 한다. 이런 것들 모두가 현재의 당신을 만들었고 당신이 살아남았기 때문에 그것들 모두가 당신에게 영향을 주었다. 이 모든 것들을 도구라고 생각하라. 비록 잘못된 도구이지만, 그럼에도 불구하고 당신을 이곳에 오게 했기 때문에 도구이다. 이제 당신은 새로운 도구가 필요하다. 당신이 있고 싶은 곳에 데려다 줄 더 나은 도구가 필요하다. 오래된 도구들을 던져 버리고 놓아 버리기 전에 그것들을 존중하라.

우리가 벗어난 것들을 놓아 버리는 일이 우리가 미워하고 분노를 느끼는 것들을 놓아 버리는 일보다 항상 훨씬 더 쉽다. 어떤 것을 미워하고 그것을 제거하려 할 때 그것은 들러붙게 되고 우리를 붙들고 늘어지는 경향이 있다. 우리가 제거하려고 하는 것을 애정을 갖고 놓아 버리고 그것의 가치를 알 때, 그것은 보다 쉽게 떠나가 버리는 경향이 있다. 이걸 보여 주는 좋은 예는 당신이 끝낸 관계이다. 만약 당신이 그 관계의 좋은 면들에 초점을 두고 그것으로부터 배운다면, 떠나기가 더 쉽고 자신에 대해 괜찮다고 느끼기 쉽다. 그러나 만약 당신이 증오와 부정적인 면에만 초점을 둔다면 그 관계는 여전히 당신에게 힘을 행사하고 당신은 자유롭지 못하고 자신에 대해 괜찮다고 느끼지 못한다.

당신이 놓아 버리길 바라는 것 모두에 경의를 표하라. 그것들 각각을 보고 그것들이 당신에게 어떻게 영향을 주었는지 기억하라. 당신이 여기 도달하도록 해 준 그것들에 감사하라. 이제 당신은 충분히 강하고, 자신을 책임지며, 전에는 필요했던 것들이 더 이상 필요하지 않다고 자신에게 말하라. 모든 발달은 기존의 것들을 놓아 버리고 앞으로 나아가는 걸 의미한다. 우리가 목발이 필요할 때는 알맞는 것을 갖는 게 좋다. 그것이 더 이상 필요하지 않을 때는 그것을 애정을 갖고 부드럽게 치운다. 당신이 자존감을 더 많이 발달시킬수록 더 많은 목발을 치우게 될 것이다. 목발은 당신이 더 이상 그것을 필요로 하지 않을 때 방해물이 된다. 놓아 버리는 건 하나의 과정이다. 그것은 시간이 걸린다. 사랑을 가지고 행할 때 그것은 더 쉬운 과정이 된다.

과거를 어떻게 극복하는가?

우리의 과거를 놓아 버리는 일은 불가능한 것처럼 보일지 모른다. 우리의 많은 부분을 차지하는 것을 어떻게 놓아 버릴 수 있는가? 왜 과거를 놓아 버려야 하는가? 과거의 삶 때문에 현재의 우리가 존재하는 것이 아닌가? 그러나 이 마지막 질문에 대한 답이 왜 우리가 과거를 놓아 버릴 필요가 있는지의 이유가 된다. 그렇다. 대부분은 과거에 우리에게 일어났던 일들 때문에 현재의 우리가 있는 것이다. 그러나 우리는 그것—단지 현재의 지금 우리가 될 수 있는 것—이상이다. 현재의 우리 자신을 긍정하고 변명하기 위해서 과거에 매달리는 일은 미래의 환상 속에 사는 것만큼 위험하다. 과거와 미래 어느 것도 우리 자신의 현실이 아니다. 그 둘 어느 것도 우리가 통제하지 못한다.

과거를 놓아 버리는 건 과거를 잊는 걸 의미하는 게 아니다. 추억은 우리의 일부이지만 지금 현재 우리의 현실은 아니다. 우리가 선택할 수 있는 건 현재이다. 과거는 선택할 수 없다. 다르게 말하면, 우리는 우리가 통제할 수 없는 일들은 책임질 수 없다. 그리고 우리는 과거를 통제할 수 없다. 과거는 끝났다. 우리는 되돌아가서 과거를 다시 살 수 없다. 그것이 과거를 놓아 버리고 앞으로 나아가는 것이 중요한 이유이다.

우리를 둘러싼 과거를 끌어내는 일보다 우리를 더 붙잡아 놓는 일은 없는 것 같다. 과거를 좋은 일과 나쁜 일로 가득 찬 커다란 쓰레기 가방으로 생각하는 게 도움이 될 것이다. 이 가방을 이리저리 들고 다니는 건 우리를 무겁게 하고 우리의 현재 움직임을 방해할 뿐이다. 무거운 가방을 들고 움직일 때 우리는 최상의 역량으로 움직일 수 없다. 그 가방을 내려놓고, 그것을 열어서 조심스럽게 내용물을 뒤져 보라. 좋은 것과 가치 있는 것을 나쁜 것과 싫어하는 것으로부터 분리하라. 당신의 객관적인 눈을 사용하라. 처음에 '좋다'고 인식되었던 것이 부정적인 결과를 가져오는 반면에, '나쁘다'고 인식되었던 것이 종종 이익이 되는 결과를 가져오는 걸 보게 될 것이다. 과거의 모든 것에 경의를 표하라. 그 모든 것이 당신을 여기로 데려왔다. 여전히 진정으로 필요한 것은 취하고 나머지는 애정을 가지고 놓아 버려라. 더 이상 그 모든 것을 가지고 다닐 필요가 없다. 과거를 어릴 때 입었던 코트로 생각하면 도움이 될 것이다. 그때에는 그 코트가 당신에게 맞았고 당신을 따뜻하게 해 주었다. 그 코트는 그것의 목적을 다했다. 이제 당신은 그 코트보다 더 커졌고 그 코트는 더 이상 당신을 따뜻하게 해 주지 못할 것이다. 그런데 왜 아직도 그 코트를 가지고 다니는가?

앞에서 말했던 것은 당신은 뒤로 돌아가 과거를 바꿀 수 없다는 사실이다. 그러나 당신은 과거가 현재 지금의 당신에게 주는 영향은 바꿀 수 있다. 영향을 바꾸려면, 당신은 과거를 사실이 아닌 다른 어떤 것으로 만드는 일을 멈춰야 한다. 만약 과거에 당신이 학대받고, 거부당하고, 사랑받지 못했다면, 당신은 지금 학대받고, 거부당하고, 사랑받지 못하는 걸 멈출 수 있다. 당신이 과거에 붙들려 있을 때만 당신은 과거의 패턴을 계속해서 반복할 것이다. 이러한 패턴으로부터 자유로워지려면 과거를 놓아 버려야만 한다. 과거에 사랑받았다고 느끼지 않을 때 자신을 사랑하는 게 어렵겠지만 당신은 할 수 있다. 만약 당신의 현재 삶의 대본을 쓴 과거를 놓아 버리기로 선택한다면, 다음에는 그 선택에 대한 책임을 져야만 한다. 이것은 당신의 인생이고 당신은 과거의 당신 이상의 존재이다. 당신이 될 수 있는 최선의 존재가 되라. 당신을 뒤로 잡아당기는 것을 놓아 버리라. 과거는 감옥처럼 느껴질 수도 있다. 그러나 놓아 버리기로 선택할 때마다 당신은 그 감옥의 열쇠를 갖고 빠져나올 수 있다.

아마도 과거를 놓아 버리는 가장 효과적인 방법은 '내 안의 아이inner child'(보통 상담용어로는 'inner child'를 '내적 아이'라고 번역하나, 이 책에서는 글 내용의 흐름상 '내 안의 아이'라고 번역하였다_역자 주)를 인식하고 이 아이를 양육하는 걸 배우는 것이다. 이 개념들은 다음에 오는 두 질문과 그 질문에 대한 답에서 논의될 것이다.

내 안의 아이는 누구인가?

정서적으로 우리는 절대로 '성장하지' 않는다. 우리의 감정은 성숙해지지 못한다. 두 살 아이의 분노나 슬픔은 성인에서도 같은 감정이다. 우리가 감정을 표현하는 방식은 미숙하거나 성숙한 표현일 수 있지만, 감정 자체는 시간이 흘러도 같은 것이다.

내 안의 아이를 생각하는 하나의 방식은 내 안의 아이를—관리하라고 정해 준 적은 없지만—우리의 정서적 창고를 관리하는 관리인으로 생각하는 것이다. 내 안의 아이는 요구가 충족되고 정서가 인정될 때까지 우리의 정서와 요구를 지배한다. 내 안의 아이는 자기가 돌보아질 때만 우리 자신의 성인 측면이 그 창고를 지키도록 허락한다. 내 안의 아이의 영역인 이 창고에 들어 있는 것은 무엇인가? 우리 삶의 모든 고통, 모든 거부, 외로움, 방치, 공포와 불안전이다. 상처받을 때마다 받았던 모든 거부와 모든 고통스러운 메시지가 내 안의 아이 안에 저장된다. 우리에게 내 안의 아이가 있다는 걸 어떻게 아는가? 우리가 자극에 대해 과잉 반응할 때마다 내 안의 아이가 행동하고 있는 것이다. 우리가 제어할 수 없고, 무기력하다고 느낄 때마다 내 안의 아이가 우리를 점령한다. 우리의 요구가 우리 행동을 통제하고 있을 때마다 내 안의 아이는 돌보아 줄 것을 요구하고 있는 것이다. 우리가 무기력하거나 희망이 없다거나 완전히 압도당하고 있다고 느낄 때마다, 그리고 감정이 그 현실 상황과 일치하지 않는다고 느낄 때마다 우리의 내 안의 아이는 관심을 달라고 소리치고 있는 것이다.

모든 사람이 내 안의 아이를 가지고 있는가? 그렇다. 우리 모두는 아이의 눈을 통해서 세상을 인식하기 시작했다. 그리고 우리 모두는 그런 인식의 어떤 부분들을 기억하고 있다. 우리 안에 있는 아이는 통제할 수 없는 감정의 무력함을 기억한다. 이 아이는 불공평함을 셀 수 없이 경험했고 그 모두를 기억하고 있다. 이 아이는 불가해한 세상의 뜻을 이해하는 것이 얼마나 어려운지를 겪어서 알고 있다. 내 안의 아이는 단기적으로 무엇이 효과적인지 배웠고, 소리를 지르며 관심을 요구하거나 또는 수동적이고 위축되고 무력해져서 도움을 기다리는 것이 효과적임을 배웠다. 만약 도움이 주어지지 않으면 무력해진다. 아이가 외현적으로 행동하든 아니면 수동적으로 위축되어 있든지 간에, 내 안의 아이는 앞으로 일어날 일을 자기가 지배하지 못함을 알고 있다. 건강한 내 안의 아이는 자기의 요구가 충족될 것을 믿는 방법을 알고 있으며 이 아이는 만족을 지연시키는 방법을 배운다. 우리들 대부분은 불행하게도 건강한 내 안의 아이를 가지고 있지 않다.

우리들 대부분은 우리 자신이 성인 역할, 아동 역할, 부모 역할, 직업적 역할 등 여러 역할 혹은 여러 면을 갖고 있음을 알고 있다. 성인으로서 우리는 우리 자신의 성숙한 측면을 좋아하고 어린애 같은 측면을 무시하기 쉽다. 특히 내 안의 아이가 나타낸 행동에 당황했을 때 그렇다. 우리들 대부분은 '성숙' 해야만 하고 우리의 내 안의 아이를 억제해야 한다고 느끼도록 훈련받았다. 우리는 분명히 내 안의 아이의 부정적 측면을 행동으로 나타내는 것을 억제한다. 그러나 우리는 또한 긍정적인 측면인 자발적이고, 흥분되고, 재미있는 것도 억제한다. 우리의 내 안의 아이는 순간적으로 억제될 뿐이다. 내 안의 아이는 나오지 않을 것이라고 생각할 때 나오고 종종 충격적인 방식으로 행동할 것이다. 이것은 마치 이 내 안의 아이가 자기가 요구하는 관심을 우리가 주지 않기 때문에 우리에게 앙갚음을 하는 것 같다. 우리 대부분은 우리의 내 안의 아이와 권력투쟁을 하고 있다. 우리가 깨닫지 못한 것은, 우리는 우리의 논리적 사고를 통제하려 애쓰는 반면에 내 안의 아이는 우리의 정서를 통제한다는 점이다. 그리고 아마도 너무 고통스럽겠지만 우리는 정서가 통상적으로 논리를 지배한다는 걸 안다. 내 안의 아이가 인정되지 않았을 때 그리고 고통이 인정되지 않을 때만 내 안의 아이는 강력하다. 이것이 내 안의 아이의 비밀이다.

내 안의 아이를 위해 나는 무엇을 할 수 있는가?

당신의 내 안의 아이를 인정하는 일부터 시작하라. 그리고 비록 당신이 그 고통을 모두 이해하지 못한다 하더라도 당신의 내 안의 아이가 고통받는다는 것을 인정하라. 고통받는 아이가 어떻게 느낄지를 기억하라. 당신의 내 안의 아이가 당신에게 화를 내도록 허락하라. 당신은 내 안의 아이 이상임을, 그리고 내 안의 아이를 돌볼 수 있는 사람은 당신뿐임을 알라.

당신의 내 안의 아이를 당신은 어떻게 인정하는가? 오래된 사진앨범을 훑어 나가는 것이 도움이 된다. 만약 가능하다면 다섯 살 이전의 당신 사진을 찾는 것이 도움이 된다. 사진을 꺼내서 당신이 자주 보게 될 곳에 두라. 할 수 있다면 가지고 다니며 날마다 여러 번씩 보라. 당신의 내 안의 아이가 보는 방식에 익숙해지라. 우리가 매일 보는 어떤 사람을 부정하거나 무시하는 건 더 어렵다. 삶이 이 아이에게 실제로 어떤 것이었는지를 기억하려고 노력하라. 그리고 그 아이가 아동기 동안에 어떻게 느꼈는지도 기억하려고 노력하라. 내 안의 아이의 눈을 가지고 당신의 과거로 돌아가라. 기억하라. 당신은 당신의 아이가 아니며 당신은 당신의 내 안의 아이가 현재 그러고 있는 것처럼 당신의 과거에 붙들리지 않을 것이다. 당신이 내 안의 아이를 도울 수 있기 전에 당신이 다루고 있는 것이 무엇인지 알아야만 한다. 다음번에 당신이 어떤 것에 대해 과잉반응을 하거나 혹은 무력하게 느끼거나 혹은 자제할 수 없음을 느낄 때는 당신과 이야기하려고 애쓰는 당신의 내 안의 아이를 생각하라. 당신의 아이는 강력한 정서를 사용해서만 당신의 관심을 얻을 수 있을 뿐이다. 이러한 강한 정서를 경험할 때 자신예를 들면 당신의 내 안의 아이에게 화내지 말라. 당신의 화는 내 안의 아이를 더 고통스럽게 만들며 고통은 그 내 안의 아이가 소리쳐 외치고 있는 것이다.

당신이 그 모두를 이해하지 못한다 하더라도 당신의 내 안의 아이가 고통스럽다는 걸 인정하라. 당신의 내 안의 아이는 화나고, 슬프고, 두렵고, 동시에 그 모든 것을 느끼며, 이런 많은 감정들은 당신을 향한다. 도울 수 있는 유일한 사람인 당신이 자신을 무시하는 것에 그 아이는 화가 나고 슬프다. 당신의 내 안의 아이는 당신이 결코 돕지 않을 것이, 혹은 그 아이가 원하는 방식대로 결코 당신이 보호하고, 사랑하고, 돌보아 주지 않을 것이 두렵다. 당신의 내 안의 아이는 당신이 갖고 있는 기술과 자원을 갖지 못한 단지 작은 어린애라는 걸, 그리고 이 작은 아이는 어떤 아이라도 다루기 어려운 너무 큰 고통과 혼란을 안고 있다는 걸 기억하라.

당신 자신을 당신의 내 안의 아이와 분리시키라. 당신은 어른이고, 부모이고, 현명한 사람이다. 그리고 당신은 아이를 돌보는 데 필요한 기술을 갖고 있다. 당신의 아이를 두려워하지 말라. 당신이 내 안의 아이를 부정하고 무시할 때만 내 안의 아이가 강력해진다는 걸 기억하라. 그 아이가 원하는 것 모두가 모든 아이들이 원하는 것, 즉 사랑받고, 보호받고, 안전해지는 것이다. 당신 그리고 당신만이 당신의 아이에게 필요한 것을 줄 수 있다. 이것은 당신이 도움을 청할 좋은 기회이다. 많은 치료자들이 내 안의 아이 개념에 익숙하며 당신의 아이를 돌보도록 당신을 도울 수 있다. 당신이 당신의 아이를 돌보는 걸 배우도록 도울 수 있는 훌륭한 책이 여러 권 있다. 당신은 관찰을 통해서 배울 수도 있다. 만약 당신 자신이 꽤 유능한 부모라면완벽한 부모는 없다! 당신이 당신 자녀에게 하는 행동에 주목하라. 만약 당신이 부모가 아니라면 부모인 어떤 사람을 관찰하라. 그들 자녀가 상처받았을 때, 확신이 필요할 때, 행동으로 드러낼 때 부모들은 무엇을 하는가? 아이들을 달래기 위해서 그들은 뭐라고 말하는가? 그들은 어떤 식으로 자녀에게 사랑을 전달하는가?

당신의 아이에게 말을 시작하라. 이런 말들을 하라. “난 여기 있어. 내가 널 따뜻하게 해 줄게. 난 네가 흥분한 걸 알고 있어. 도와주고 싶어. 넌 걱정할 필요 없어, 내가 널 돌볼 거야. 난 너에게 화나지 않았어. 나는 이해해. 모든 게 잘될 거야. 넌 훌륭해. 난 너를 사랑해.” 아이가 즉각적으로 당신을 믿길 기대하지 말라. 그 아이는 오랫동안 당신을 기다려 왔으며 당신을 믿기 전에 당신을 시험할 필요가 있을 것이다. 이 시험은 당신이 싫어하는 행동의 증가로 나타날 것이다. 당신은 전보다 더 자주 감정을 자제하지 못하고 과잉반응하는 자신을 발견하게 될 것이다. 혹은 내 안의 아이가 매우 수동적이고 위축된 것처럼 보이기 때문에 당신은 내 안의 아이가 없다고 생각할지도 모른다. 부드러운 양육행동을 유지하라. 당신의 내 안의 아이가 주목하고 있다. 당신의 내 안의 아이가 결코 갖지 못했지만 항상 원했던 '이상적인 부모'가 되기 위해 당신 자신을 준비하라. 당신의 부모가 실제로 아무리 훌륭했다 하더라도 그들이 아무리 많은 관심을 당신에게 주고 아무리 많은 사랑을 당신에게 쏟았더라도, 당신의 내 안의 아이에게는 절대로 충분한 것이 될 수 없다. 당신은 당신 부모보다 큰 이점 하나를 갖고 있다. 당신의 내 안의 아이는 당신의 일부분이기 때문에 당신은 당신의 내 안의 아이가 필요로 하는 것이 무엇인지, 언제 필요한지를 정확하게 알게 될 것이고 당신은 이 모든 요구들을 충족시킬 수 있을 것이다. 당신은 당신의 내 안의 아이에게 이상적인 부모이며 당신의 내 안의 아이는 당신이 이상적일 수 있는 단 하나의 사람이다. 완벽한 관계 같은 것은 존재하지 않는다. 그러나 당신과 당신의 내 안의 아이 사이의 이 관계는 당신이 가질 수 있는 완벽한 관계에 가장 가까운 것이다.

당신의 내 안의 아이를 인정하고 수용하는 것만으로는 충분하지 않다. 당신의 내 안의 아이가 치유되기 위해서는 사랑받아야만 하며, 내 안의 아이에게는 오직 당신만이 중요한 사람이기 때문에 당신은 내 안의 아이를 사랑해야 한다. 당신에게 문제를 만드는, 행동으로 너무 여러 번 표출하여 당신을 당황스럽게 하는, 당신이 무력함과 약함과 미성숙함을 느끼게 만드는 이 내 안의 아이를 사랑하는 걸 배우려면, 즉 당신 내부에 있는 이 '작은 괴물' 을 사랑하는 걸 배우려면 당신은 화내는 걸 그만두고, 이 아이를 비판하고 비난하고 처벌하는 것을 그만두어야만 한다. 당신의 내 안의 아이를 수용하고, 그 아이가 당신의 관심을 요구할 때 그를 돌보라. 당신은 이 일을 당신 시간에 맞추어 할 수 없다. 당신은 내 안의 아이의 시간에 맞추어 돌봐야 한다. 당신의 내 안의 아이가 당신에게 화를 내고 있지만 이 화가 사라질 것이라는 걸 이해하라. 내 안의 아이가 상처받은 것은 당신 잘못이 아니라는 걸 인정하라. 당신은 모든 고통을 야기하지 않았다. 그리고 지금까지 그 고통을 경감시킬 수 없었다. 당신 자신에게 심하게 대하지 말라. 그렇지 않으면 내 안의 아이는 당신이 자기에게 심하게 대하고 있다고 생각할 것이다. 내 안의 아이는 그것이 자기 잘못이고 자기에게 책임이 있다고 생각한다. 내 안의 아이는 좋게 되려고 노력할 것이고 상황은 향상될 것이다. 그리고 상황이 향상되지 않을 때는 자신을 탓한다. 내 안의 아이는 만약 당신이 좌절한 부모가 되거나 포기한다면 그것이 자기 잘못이라고 생각할 것이다.

좋은 양육은 내 안의 아이에게 항복하는 걸 의미하지 않는다. 당신의 내 안의 아이가 행동으로 표출할 때, 당신은 지지와 애정 어린 훈련을 통해서 내 안의 아이를 통제하는 걸 도울 수 있다. 당신은 내 안의 아이가 만족하게 될 것을 아는 한 그 아이에게 만족지연을 배우도록 가르칠 수 있다. 만약 당신이 관심을 요구하고 있는 내 안의 아이를 인식하게 된다면, 그리고 당신이 모든 것을 멈추고 이 아이를 돌볼 상황이 아니라면, 당신은 당신의 내 안의 아이에게 말할 수 있다. "나는 네가 말하는 걸 들었어. 나는 네가 흥분했다는 걸 알아. 우리는 곧 이것을 다룰 거야. 지금 내가 해야 하는 일을 하게 해 줘. 그런 다음에 너를 돌볼 거야." 이 말은 내 안의 아이를 부정하는 것이 아니다. 왜냐하면 당신이 내 안의 아이가 보낸 메시지를 알기 때문이다. 이 말은 당신이 알고 있으며 가능한 한 빨리 내 안의 아이를 돌볼 것임을 내 안의 아이가 알도록 돕는다. 당신의 약속을 지키고 아이에게 관심을 주는 게 중요하다. 아니면 내 안의 아이는 다음에는 당신을 믿지 않을 것이다. 애정 깊고 흔들리지 않는 부모가 되라. 내 안의 아이는 구조와 통제를 필요로 한다.

당신의 내 안의 아이를 사랑하는 걸 배우는 가장 간단한 방식은 당신 자신을 사랑하기 위해서 배웠던 모든 일을 하는 것이다. 다시 말해, 당신 자신의 자존감을 발달시키기 위한 행동들을 당신 자신과 마찬가지로 당신의 내 안의 아이에게도 하라. 당신은 당신 자신과 당신의 내 안의 아이를 사랑하는 걸 동시에 배울 수 있다. 당신의 내 안의 아이를 사랑하는 일은 당신이 자신을 사랑하도록 해 준다. 만약 당신이 당신의 내 안의 아이를 사랑할 수 없거나 사랑하는 걸 선택하지 않으면, 당신은 자존감을 가지는 게 불가능해진다. 사랑받지 못한 내 안의 아이는 당신의 정서 창고의 관리인으로 계속 남게 된다. 그리고 당신은 자신과 전쟁을 하게 된다.

당신이 당신의 내 안의 아이를 사랑하기로 선택할 때, 어떤 일이 일어나는가? 여러 가지 일들이 일어나고 그리고 그 일들 모두 놀랄 만한 것이다. 당신의 내 안의 아이는 안전하며 보호받는다고 느끼기 시작하고 화내고 조르는 걸needy 멈추게 된다. 내 안의 아이는 당신의 정서 관리인이 되는 걸 멈추고 당신에게 창고를 맡기게 된다. 당신은 더 이상 당신의 내 안의 아이로부터 예상치 못한 외침을 듣지 않게 되고 진정으로 당신 행동을 통제하게 된다. 당신의 내 안의 아이는 떠나고 당신이 어른으로서 행동하도록 허락할 것이다. 당신의 내 안의 아이는 현재의 내 안의 아이—당신 내부에 있는 단지 작은 아이—가 되고 당신은 더 강하고 애정 깊은 어른이 된다. 당신의 내 안의 아이는 관심이 필요할 때 꼭 행동으로 표출하지 않아도 되고 단지 요청만 하면 당신이 자기를 돌볼 거라는 걸 알게 된다. 이 작은 아이가 행복해지는 데는 정말 매우 적은 관심만 있으면 된다. 그리고 가장 좋은 것은 사랑받고 행복한 당신의 내 안의 아이가 당신으로 하여금 사랑받으며 행복해하고, 그리고 때때로 자연스러우며 쾌활한 아이 같은 어른이 되도록 해 줄 것이다. 소리 지르는 두 살배기 아이를 데리고 다니면서 좋은 어른 노릇을 하기는 어렵다. 그러나 같은 두 살배기 아이가 만족스러워서 당신을 사랑 어린 모습으로 미소 지으며 쳐다볼 때, 같은 두 살배기 아이에 대해 당신은 얼마나 많은 기쁨과 사랑을 갖게 되는지 생각해 보라. 당신의 내 안의 아이는 사랑받을 만하며 당신도 그렇다. 당신 둘 다를 위해서 자기애self-love를 배우라. 당신이 잃게 되는 유일한 것은 당신 과거의 고통이다.

어떻게 고통을 멈출 수 있는가?

방금 말했듯이 당신의 내 안의 아이를 돌보는 것이 과거의 고통을 멈추게 한다. 그러나 당신이 지금 당장 경험하고 있는 현재의 고통은 어떤가?

우리에게 영향을 주는 고통, 자연스러운 고통은 항상 끝이 있다. 고통이 없는 상태를 추구하는 건 신체적, 정서적으로 건강한 사람이 갖는 중요한 일면이다. 만성적인 고통을 일으키는 신체적 질병과 역경들이 있다. 다행히도 정서적 고통은 우리가 그 고통을 붙잡고 고통이 계속되도록 만들지 않으면 만성적이 되지 않는다. 고통의 자연스러운 과정은 일부 신체적 예외가 있기는 하지만 시간이 흐르면 줄어들 것이다. 고통이 일어나는 동안 이루어지는 고통의 수용과 자각은 '고통 극복하기riding the pain' 라고 불리며 이는 가능한 한 빨리 고통이 경감되도록 돕는다.

자연적인 고통의 이유는 항상 있다. 그것 중에서 어떤 것은 우연히 당신에게 일어나고, 어떤 것은 외상적이고 상처를 준다. 정서적 고통은 상실 때문에 자주 일어나는데, 우리가 어떤 것을 상실했을 때 상실의 고통을 느끼는 건 정상이다. 우리가 가치 있게 여기는 걸 상실했는데 고통을 느끼지 않는 건 비정상적인 반응이다. 그것은 우리가 잃은 것에 대해 진정으로 가치를 두지 않았기 때문에 고통을 느끼지 않는 것이거나, 우리가 느끼는 감정을 부정하고 있거나, 우리가 감정을 느끼는 게 불가능함을 의미한다. 우리가 고통을 원하지 않는 만큼 고통을 부정하거나 억압하는 걸 많이 선호할 수도 있다. 왜냐하면 때때로 우리는 고통을 다루어야만 할 것이고 그것은 현재보다 나중에 더 나빠질 수 있기 때문이다. 고통을 느끼지 못하는 건 건강한 반응이 아니다. 이런 둔감한 사람은 보통 정서적으로 병들어 있다. 고통은 위대한 균형 장치이다. 모든 인간은 고통을 안다. 왜냐하면 그것은 살아가는 과정의 일부분이기 때문이다.

고통은 위대한 스승이다. 고통은 우리에게 인내를 가르치고, 타인에 대한 자비심과 공감을 가르친다. 고통은 우리가 살아 있음을 가르치며 올바른 균형을 갖고 살게 해 준다. 우리가 진정한 고통을 느낄 때는 우리가 걱정하고 안달하는 대부분의 일들이 얼마나 사소한 것인지를 안다. 우리는 고통을 느끼지 않는 시간들의 가치도 배울 수 있다. 그렇다 하더라도 우리들 대부분은 고통받는 걸 좋아하지 않으며 고통을 피하려는 데 큰 힘을 쏟을 것이다. 그러나 어떤 사람들은 고통에 사로잡혀 있다.

그들은 관심을 끌고, 자신들의 요구를 충족시키고, 활기를 더 느끼기 위해 고통을 사용한다. 이 고통은 내가 부자연스러운 고통이라 부르는 것이다. 자연스럽게 완화되었어야 할 오랜 시간 후에도 그 고통은 여전히 남아서 이차적 소득을 얻는 데 사용되고 있다. 이것은 대단히 병적인 과정이며, 고통 중독자들이 고통을 놓아주기 위해서는 전문가의 도움이 필요하다.

만약 당신의 고통이 당신이 처한 상황의 현실에 대한 실제적이고 정상적인 반응이라면 다음의 일들을 따라 함으로써 고통을 최소화할 수 있다. 고통을 받아들이고 고통이 지나간다는 것을 알라. 고통과 싸우는 걸 멈추고 당신이 할 수 있는 한 고통에 영광을 주라. 고통을 미워하는 걸 멈추라. 당신이 고통을 느낀다는 것 때문에 당신 자신에게 화내지 말라. 당신 자신을 보통 때보다 한층 더 사랑하는 마음으로 부드럽게 대하라. 다른 사람의 도움을 받으라. 대부분의 사람들도 고통을 느껴 왔기 때문에 당신의 고통에 연관될 수 있다. 당신이 도움을 요청할 때 당신이 고통을 느끼는지는 중요하지 않다. 왜냐하면 그들은 고통의 이유를 몰라도 고통을 공유할 수 있기 때문이다. 고통을 두려워하지 말라. 만약 당신의 몸이 한계를 알도록 허락한다면 당신은 당신이 느끼고 있는 고통을 다룰 수 있다. 우리는 우리 자신 속에 프로그램된 놀라운 신체적, 정서적 고통완화 자원들을 갖고 있다. 그들이 작동하도록 허락하라. 그 고통은 지나갈 것이고 고통이 가장 심하고 당신이 견딜 수 없을 때 고통은 완화되기 시작할 것임을 알라. 고통이 없는 순간에 주의를 집중하라. 당신은 고통 없는 순간들이 날마다 늘어나는 걸 보게 될 것이다. 고통을 당신 삶의 우선순위를 정하는 데 사용하라. 진정으로 문제가 되는 일들에 주의를 두라. 마지막으로 고통을 겪고 지나가는 것이 당신을 더 강하게 만들고, 다른 사람들에게 더 관심을 갖고, 더 공감하고 또 그들을 수용하고 더 사랑하도록 만들 것이라는 걸 인정하라.

왜 나는 더 많은 고통을 겪어야 하는가?

변화는 고통스럽다. 새로운 학습은 어떤 것이든 얼마간의 고통을 포함한다. 재학습은 더 많은 고통을 포함한다. 고통은 성장과 발달의 정상적 요소이다. 당신의 어릴 적 '성장통' 을 기억하는가? 자신을 사랑하는 것과 자존감 갖는 것을 배우는 건 당신이 익숙한 모델을 떠나서 서투르고 낯설게 보이는 새 모델을 가지고 살아야 한다는 걸 의미한다. 이것은 고통스럽다. 익숙한 것은 어느 것이든, 심지어 그것이 고통을 야기했던 것일지라도 당신이 그것으로부터 떠나기 시작할 때는 상실감 같은 것을 느낀다. 당신이 알고 있거나 개입되었던 적이 있는 끔찍한 관계에 대해 생각해 보라. 사람들이 그 파괴적인 관계를 지속하는 유일한 이유는 그 관계가 익숙해서이다. 단지 익숙하지 않다는 것 때문에 미지의 것은 우리에게 더 고통스럽고 두렵게 다가온다. 이런 일은 약간 미친 것처럼 보일지 모르지만 자주 일어난다. 우리의 서구 모델은 우리에게 정서적 위험을 무릅쓰지 않고 우리의 목표를 세우고, 목표를 달성하도록 가르쳐 왔고 그렇지 않으면 우리는 실패자라고 가르쳐 왔다. 이것은 우리가 실패자—미리 세워진 목표를 충족시킬 수 없고 나쁜 관계를 만드는 걸 좋아하는—가 되도록 허용하기보다 끔찍한 고통을 경험하는 걸 선택하게 만든다.

고통에 대한 진실은 우리가 어떤 일을 하든 간에 고통을 겪어야만 한다는 점이다. 그러므로 자존감을 배우는 것 같은 새로운 어떤 일을 시도하지 않으면서 고통을 핑계로 사용하는 일은 효과가 없을 것이다. 왜냐하면 우리가 변화를 거부한다고 고통을 피하게 되지는 않을 것이기 때문이다. 우리는 항상 변화하고 있다. 삶은 정지된 것이 아니고 사람들은 고정되어 있지 않다. 모든 발달은 변화를 요구하고 그 요구는 처음에 고통스럽다.

미래의 고통을 다루는 비밀은 고통이 일어나고 고통에 대한 두려움이 멈출 것이라는 걸 아는 것이다. 만약 당신이 현재 고통을 느끼지 않고 있다면 왜 당신은 피할 수 없고 통제할 수도 없는 것을 지금 걱정하고 있는가? 당신이 현재 고통을 느끼지 않는다는 사실을 누리고 미래의 고통은 그것이 일어났을 때 당신이 다룰 수 있을 것임을 믿으라. 삶의 고통에 대한 두려움은 많은 사람들이 삶을 마음껏 누리는 걸 막는다. 만약 당신이 고통을 두려워하는 사람 중 하나라면 용기의 정의에 대해서 생각해 보

라. 용기는 두려운 것을 어떻게든 하는 걸 의미한다. 만약 당신이 어떤 일을 하는 동안 두렵지 않다면 당신은 용감한 것이 아니다. 당신이 삶의 고통을 두려워할 때 그것을 극복하고 사는 건 두려움 없이 살 때보다 더 많은 용기가 필요하다. 고통에 대한 두려움이 있더라도 용기를 갖고 당신의 삶을 살라. 잠시 후에 당신의 새 행동들이 익숙해지고 당신은 더 이상 미래의 삶이 가져올 고통을 두려워하지 않는다. 그리고 고통이 일어날 때, 당신은 고통을 극복하고 고통을 놓아줄 수 있다.

고통, 자존감, 훈련은 서로 관계가 있는가?

그렇다. 어떤 유형의 신체적 활동이라도 훈련은 자신에 대한 좋은 감정을 고양시키고 고통도 감소시켜 준다. 당신이 돌아다니고 활동할 때는 자신에 대해 나쁘게 느끼기가 훨씬 더 어렵다. 환경과 상호작용할 때 부정적 감정, 우울, 정서적 고통에 초점을 두기가 훨씬 더 어려워진다. 머리를 높게 세우고 활기차게 걷는 것이 우울에 대한 대책이라는 걸 한 연구가 보여 주었다. 환경과 환경의 일부인 감정을 인식하는 것은 당신이 당신 자신과 부정적 감정에 초점을 두지 않도록 돕는다.

그러나 훈련과 같이 목표가 있는 활동과 미친 듯 목표 없이 돌아다니는 활동 사이에는 차이가 있다. 후자의 활동을 하고 있을 때 우리는 자신으로부터 도망가려 하고 있는 것이며 많은 힘과 시간을 낭비한다. 우리는 쳇바퀴 위에서 가는 곳 없이 움직이고 있다. 훈련하고 있을 때는 우리 몸을 통제하며 자신을 더 많이 통제한다고 느끼기 시작한다.

당신이 고통스럽거나 흥분되거나 불안하거나 감정을 통제할 수 없다고 느낄 때 가장 좋은 훈련은 간단한 것이다. 숨을 쉬라. 당신이 하던 것은 무엇이든 멈추고 심호흡을 세 번 하라. 숨을 깊게 들이쉬면서 강함, 에너지, 삶의 힘이 당신 안으로 들어온다고 상상하라. 숨을 내쉬면서 모든 스트레스, 긴장, 불안들이 당신 몸에서 빠져나간다고 상상하라. 심호흡을 세 번 하고 나면 당신은 더 진정되고 통제한다고 느끼게 될 것이다. 당신의 몸은 더 이완되고 당신은 더 잘 기능할 수 있게 될 것이다.

다른 간단한 훈련은 걷기다. 주변을 산책하거나 트랙이나 체육관을 돌면서 걸어라. 걷기는 생각하는 걸 도와준다. 만약 당신 마음이 안절부절못하고 정말로 불안을 느낀다면, 걸으면서 보고 있는 것들에 집중하라. 자신에게 휴식을 주고 타임아웃을 취하라. 어떤 일들은 즉각적으로 해결될 수 없다. 당신이 느끼고 있는 압력을 바꿔야 한다는 생각을 멈추라. 자신에게 약간의 시간을 주고 어떤 일을 적극적으로 하라. 그것이 도움이 될 것이다.

자존감은 당신 자신을 사랑하고 자신을 보살피는 걸 의미한다. 당신이 나쁜 입장에 있을 때는 더 나은 입장이 될 수 있도록 어떤 것이라도 하라. 운동훈련은 당신이 그렇게 옮겨 가도록 돕는 하나의 도구이다. 즐거웠을 때의 자신에 대해 생각하라. 가만히 앉아 있는 것이 얼마나 어려우며, 당신의 몸이 얼마나 많은 자연스러운 동작을 만드는지를 알게 될 것이다.

명상과 같은 수동적 훈련도 도움이 된다. 자신으로부터 당신을 순간적으로 벗어나게 하고, 현재 당신에게 일어나고 있는 것을 객관적으로 관찰할 수 있게 해 주는 것은 어떤 것이든지 그 순간의 불안과 고통에 대한 대책이 된다. 이런 것들은 과도하게 사용하지만 않는다면 도피가 아니고 부정이 아니다. 그것들은 그 순간의 무력감과 무망감을 줄여 주는 경향이 있다. 그것들을 사용하라. 그것들은 효과 있는 도구들이다.

III

개인적인 문제

나는 평생 실행모델을 따라 살아왔다. 왜 지금 바뀌야 하는가?

왜냐하면 더 이상 그 모델이 작동하지 않기 때문이다. 생활이 잘되어 갈 때 우리는 변화하지 않는다. 우린 무언가 잘못되고 있을 때만 변화한다. 실행모델이 갖는 문제는 그것이 잠시 동안만 작동한다는 것이다. 그것이 작동을 멈추면 우리는 무엇인가 우리에게 잘못이 있다고 믿지 모델이 잘못되었다고는 믿지 않는다. 보통 자신의 삶과 자기 자신에 대해 좋게 느낄 때, 우린 변화하려고 하지 않는다. 우리가 새로운 답을 찾을 때는 어떤 것이 잘되지 않을 때이다.

시간은 중요하며 우리 모두는 자신의 시간을 갖는다. 우리가 변화해야 할 시간일 때만 우리는 변화 요구를 느낄 것이다. 그 시간이 되면 우리는 고통을 느끼게 되고 고통을 줄이기 위해서 다른 새로운 어떤 일을 기꺼이 시도할 것이다. 만약 우리가 고통을 느끼지 않고 단지 새로운 존재모델의 학습에 대해 호기심만 느낀다면, 우리는 어느 것도 바꾸지 않을 가능성이 가장 높다. 변화를 가져오는 좋은 동기는 호기심이 아니라 고통이다.

만약 지금이 당신이 변화할 시간이 아니라면 그 사실을 받아들이고 현재의 당신 자신을 사랑하라. 만약 지금이 당신이 변화할 시간이라면 그 변화는 고통스럽긴 하지만 곧 고통은 사라지게 되고 성장을 가져온다는 걸 알라. 성장은 발달이고, 발달은 이전에는 작동했었지만 지금은 그렇지 않은 것들을 떠나가게 두는 것을 의미한다. 발달은 낯설고 때로는 놀라운 새로운 것의 학습을 의미한다. 당신에게 좋지 않은 생각은 떠나가게 하라. 왜냐하면 당신은 이전에 늘 해 왔던 것과 같은 방식으로는 더 이상 움직일 수 없기 때문이다.

어느 누구도 당신이 변화할 시간이 언제인지 정할 수 없다. 당신은 변화할 거고 새로운 요구들은 당신이 변화할 때만 중요해질 것이다. 당신은 충격을 느끼는 경험을 하게 될지도 모른다. 당신은 변하고 싶고, 변화할 준비가 되었다고 느낀다. 그러나 아무 일도 일어나지 않는다. 이런 시간 동안에는 좌절하기 쉽고 이전에 받았던 훈련으로 돌아가기 쉽다. 당신은 목표지향적이 되고 자신을 실패자로 느끼게 될 것이다. 왜냐하면 변화하고자 하는 당신의 목표를 이룰 수 없기 때문이다. 변화는 불가피하지만 당신이 전적으로 통제할 수 있는 것은 아니다. 당신의 변화 시기도 당신이 통제할 수 있는 게 아니다. 당신이 충격받고 이유를 이해하지 못할 때 해야 할 최선의 행동은 충격받은 자신을 받아들이고, 충격받은 그 위치에서 당신 자신을 사랑하는 연습을 하는 일이다. 이것은 쉽지 않지만 효과가 있다. 마침내 당신은 충격받은 상태로 남아 있지 않게 된다. 당신은 움직이게 되고 변화가 일어난다.

또 왜 당신이 변화하는 데 시간이 오래 걸리는지 비난하지도 말라. 당신이 통제할 수 없는 일로 자신을 비난하는 건 당신을 곧장 약한 자아로 돌아가게 한다. 기억하라. 이것은 경연대회가 아니고 경쟁자도 없다. 당신이 얼마나 빨리 변화하는지 혹은 당신이 자신을 얼마나 잘 사랑하는지는 문제가 아니다. 존재모델은 양적인 것이 아니다. 현재 당신이 있는 곳이 바로 당신이 존재하는 곳이다. 당신은 언제나 변화할 것이다. 하지만 당신은 변화의 시기를 통제할 수는 없다. 당신이 통제할 수 있는 건 변화의 방식이다. 전에 왜 당신이 변화하지 않았는지에 대해, 또는 지금 당신이 왜 충격받는지에 대해 속상해하는 데 시간을 허비하지 말라. 이 시기를 바로 당신 자신을 수용하는 걸 배우는 시기로 받아들이라. 만약 모든 것이 당신을 위해 작동하고 있다면 좋은 일이다. 만약 당신을 위해 작동하는 것이 아무것도 없다면 그것도 좋은 일이다. 아마도 당신은 변화의 시기에 더 가까이 있을 것이다.

왜 나는 이렇게 화가 나는가?

화는 가장 기본적인 감정이며 또한 가장 중요한 감정이다. 감정은 우리 자신을 보호하기 위해 필요하지만, 정상적으로는 만들 수 없는 힘을 만들어 내기 때문에 생존에 필요하다. 화는 영아가 타인과는 구별되는 존재로서의 자기감sense of self을 발달시키는 데도 필요하다. 모든 사람이 화를 느낀다. 그런데 사람들은 이 중요한 감정을 왜 그렇게 다루기 어려워하는가? 화는 왜 그렇게 많이 그 감정화을 부인하게 할까? 그리고 왜 그렇게 두려워하게 할까?

그 답은 다시 우리가 받은 훈련으로 돌아간다. 우리는 어렸을 때부터 화를 내는 건 '나쁘고', 우리가 화를 내면 다른 사람들이 우릴 싫어한다고 배웠다. 화의 대부분은 정당화되지 않으며마치 감정들이 정당화가 필요한 것처럼, 우리는 화를 낼 권리가 없다고 배웠다. 왜냐하면 우리 스스로를 배려하기 전에 다른 사람의 감정을 배려해야만 하기 때문이다. '나쁘다' 는 낙인이 찍히지 않기 위해서 우리는 어릴 때부터 화를 부인하고 억누르도록 배웠다. 만약 화를 부인하고 억누를 수 없어서 밖으로 드러낸다면, 우리는 죄책감을 느끼고 우리 감정을 정당화해야만 한다. 우리는 보통 5세 이전에 화는 악의 덫을 만든다고 배웠다. 만약 화를 누르면 그것은 격노 상태로 되며 우리는 '나쁜' 상태가 된다. 그리고 만약 화를 부인하면 우리는 우리 자신의 감정을 믿지 않는 걸 배우고 그것은 '나쁘게' 느껴진다. 이 '화 덫anger trap' 의 해결책은 무엇일까?

화를 느끼는 걸 자신에게 허락하라. 당신은 당신의 화를 통제할 수 없다. 언제 왜 어떻게 화를 느끼는지 당신이 항상 아는 건 아니다. 때때로 당신은 이유도 모르면서 화를 느끼게 된다. 그리고 때로는 화를 느낄 거라고 기대할 때 화를 느끼지 않는다. 화는 다른 감정들과 함께 당신 안에 살고 있다. 당신이 화를 느낄 수 있다는 걸 받아들여라. 그러나 화를 느끼는 것과 화를 표현하는 것을 혼동하지 말라. 당신은 화를 통제할 수는 없지만 화날 때 어떻게 할 것인지를 선택하는 건 통제할 수 있다.

우리는 우리가 느끼는 화 감정과 우리가 나타내는 화 행동을 혼동하도록 훈련받았다. 우리 대부분은 화났을 때 우리가 하는 행동을 두려워한다. 우리는 화가 폭발하고 우리가 격노할 때까지 화를 억누르고 부인한다. 그리고 우리는 다른 사람과 우리 자신에게 파괴적인 방식으로 행동한다. 화가 날 때 받아들이는 건 화 감정이 격노가 될 때까지 쌓아 놓지 않는다는 걸 의미한다. 종종 화가 날 때 그것을 수용하는 것으로 충분하다. 기억하라. 우리는 우리 감정과 생각에 항상 영향을 주지는 못한다. 우리는 어떤 행동을 할 것인지를 선택할 수 있고 매우 다양한 선택을 하고 있다.

화가 날 때 자신에게 "나는 화가 났어. 난 이 화를 어떻게 하고 싶지? 화를 어떻게 하면 좋게 느낄 수 있지?"라고 말하는 걸 연습하라. 때때로 당신은 다른 사람에게 화내는 걸 선택한다. 때로는 화를 행동으로 나타내기 전에 잠시 동안 그것에 대해 생각하는 걸 선택한다. 때로는 소리지르고 흥분하고 싶고 때로는 조용히 화에 대해 말하고 싶다. 그리고 어떤 때는 화를 떠나가게 두고 아무 행동도 하지 않는 걸 선택한다. 화날 때 올바르게 행동하는 정해진 방식은 없다. 당신이 선택한 행동은 어떤 행동이든 당신이 그것에 책임을 지는 한 그리고 자신에 대해 옳다고 느끼는 한 옳은 것이다. 만약 당신이 화를 지나가게 하고 떠나보낼 수 없다면 도움을 청하라. 대부분의 경우 화를 느낀 그 순간에 화가 났다는 걸 인정하고 아무런 판단을 하지 않고 당신 감정을 받아들이는 일은 화를 충분히 누그러뜨린다. 당신이 감정을 통제할 수 없는 것과 마찬가지로 당신의 감정은 당신이 그러도록 선택하지만 않는다면 당신을 통제할 수 없다.

왜 나는 통제에서 벗어났다고 느낄까?

우리는 자신을 믿지 않을 때 통제에서 벗어나는 걸 느낀다. 우리는 또한 감정이 우리를 압도하게 놔두고 행동에 대한 책임을 지지 않을 때 통제를 잃었다고 느낀다. 통제를 잃은 느낌과 불안의 감정은 둘 다 자존감의 결여 때문에 생긴다. 우리는 최선을 다하는 것이 불가능하다고 느끼고 종종 자기통제가 부족한 이유를 외부 탓으로 돌린다. 그런 경우 어떤 사람이나 어떤 일이 우리의 현재 존재 방식에 책임이 있다고 생각하는 것이다. 이때 우리는 우리의 힘을 포기하고 외부 원인에 대한 반응자가 된다.

다음번에 당신이 통제를 벗어났다고 느낄 때, 엘리베이터를 생각하라. 엘리베이터는 사람이 버튼을 누를 때 반응한다. 어떤 사람이라도 들어와서 올라가는 버튼을 눌러 당신이 화를 느끼게 하거나 내려가는 버튼을 눌러 당신이 우울해지게 할 수 있다. 엘리베이터처럼 움직이지 않는 유일한 방법은 '평상심을 벗어났다'는 신호를 보내는 것이다. 다른 사람들이 당신에게 원하는 반응을 하는 걸 멈추라.

다른 사람의 희생자가 되지 말라. 어떤 사람도 당신의 개인적 힘에 대한 권한을 갖지 못한다. 당신이 다른 사람을 통제할 수 없는 것과 똑같이 당신이 그들에게 그런 착각을 주지 않는 한 어떤 사람도 당신을 통제할 수 없다. 당신은 다른 사람을 그들이 가고 싶은 곳으로 데려갈 수 없기 때문에 좋은 엘리베이터가 될 수 없다. 당신은 당신이 있어야 할 곳에 당신 자신을 데려갈 수 있을 뿐이며, 만약 당신이 통제를 벗어났다고 느끼면 이 일을 할 수 없다.

비난 게임을 멈추라. 다른 사람이나 자기 자신을 비난하지 말라. 통제를 벗어난 감정에 책임을 지라. 그것은 당신의 선택이고 이제 당신은 다른 선택을 원한다는 걸 안다. 일을 다르게 시도하라. 반응하는react 대신 행동하라act. 희생자 역할에서 벗어나 어떤 사람이나 어떤 일도 당신의 버튼을 누르게 허락하지 말라. 만약 다른 사람들이 어떻게 행동하려는지 그리고 그들이 어떻게 당신의 버튼을 누르려고 할지를 미리 안다면, 당신의 버튼이 고장났다고 상상함으로써 미리 준비하라. 다른 일을 하라. 그들이 행동하기 전에 먼저 행동하라. 당신의 객관적인 눈으로 그들이 하고 있는 행동을 보고 그들의 행동을 내면화하지 말라. 다른 사람이 하는 행동은 그들의 선택이다. 당신 자신에게 그들이 왜 그런 선택을 하는지 물으라. 그들이 당신처럼 불안할 가능성이 있는가, 그리고 당신은 그 사람들의 생각을 정당화시켜 주기 위해서 반응할 필요가 있는가? 희생자를 필요로 하는 사람, 다른 사람 안에 있는 버튼을 누를 필요가 있는 사람들은 자존감을 갖고 있는 사람들이 아니다. 자존감이 있는 사람들은 설혹 당신이 당신의 힘을 그들에게 준다고 하더라도 당신의 힘을 갖지 않을 것이다. 그런 사람들은 당신의 반응행동을 강화하지 않고 당신이 스스로를 통제하도록 격려할 것이다. 그들은 당신이 희생자 역할을 하는 걸 절대로 원하지 않을 것이다. 그들은 당신이 그들의 엘리베이터가 되어 줄 필요가 없는 사람들이다.

당신이 통제할 수 있는 것, 즉 당신 자신에 대한 감정과 당신의 행동을 통제하는 것을 선택하라. 엘리베이터 사업에서 빠져나오라.

왜 나는 우울한가?

우울증의 정의 중 하나는 우리의 모든 것을 파괴할 때까지 화가 우리 자신에게로 향하는 것이다. 우울증은 현실에 대한 우리의 생각, 지각, 관찰이 우리가 자신과 세상에 대해 만든 부정적인 기대와 일치하기 시작할 때 존재한다. 사람들은 그들이 잘하고 있다고 믿도록 격려받고, 강화받고, 가르침을 받지 못할 때 우울해진다. 예민한 사람들은 종종 이 미친 세상의 모든 부정적인 것을 내면화하고 우울해지는 것으로 세상에 반응한다.

우울증에는 많은 유형이 있지만 두 가지 큰 원인은 유전적/생리적 반응과 상황적/적응적 반응이다. 우리들 중 우울증의 가족사가 있는 사람, 그리고 이유 없이 자주 우울해지는 사람들은 생리학적 원인이 있는지를 알아볼 필요가 있다. 이런 경우 투약이 유전으로 생긴 우울증을 경감시킬 수 있다. 심리 치료나 또는 역할 모델을 사용하고 다른 사람으로부터의 지지를 사용하는 것만으로 우울증에서 벗어나라고 말하는 것은 우리에게 비타민 결핍을 벗어나라고 말하는 것과 비슷하다. 이런 경우 우리의 자존감 발달은 생물학적 장애에 의해서 심하게 손상받게 될 것이다. 항우울제는 효과가 있다. 우리가 생리적 우울증일 때 지지, 심리 치료와 함께 항우울제를 사용하는 것이 가장 효과가 있다. 유전적 우울증은 개인적 약점이 아니며 우리 의지로 극복할 수 있는 것이 아니다. 이런 특성을 갖고 태어난 것은 눈의 색깔을 갖고 태어나는 것과 같으며 우리의 통제를 벗어나는 일이다. 투약을 포함해 모든 가능한 자원으로부터 도움을 구하면 우울증을 통제할 수 있다.

우울증의 다른 원천은 상황적이다. 이것은 우리가 환경 안에 있는 어떤 것에 의해서 영향받고 있음을 의미한다. 슬퍼지는 이유들은 많으며 상실과 외상, 고통에 부딪혔을 때 우울해지는 게 인간의 반응이다. 그러나 상실에 의해 생기는 이런 유형의 우울증은 고통과 마찬가지로 시간이 지나면 줄어들 것이다. 그러나 만성적 우울증은 다르다. 이것은 시간이 지나면 사라지는 것이 아니라 우리 생활을 점거하고 우울한 눈을 통해서만 세상을 지각하게 한다.

만성적으로 우울한 사람은 화를 잘 내며 자기중심적이다. 그들은 자기 자신이 개인적 힘을 갖고 있다는 느낌을 갖지 못하며, 자신을 책임질 만큼 강하다고 느끼지도 못한다. 그들 주변의 사람들은 만성적으로 우울한 사람들이 얼마나 부정적인 힘을 많이 행사하는지 알고 있다. 이런 사람들은 자신이나 타인에 대한 사랑에서 멀어지기 때문에 사랑하는 게 대단히 어렵다. 만성적 우울증은 슬픔 같은 기분이 아니다. 그것은 모든 감정의 부재이거나 모든 감정이 극도로 결합된 것이며 이런 감정의 결합은 감정 결핍을 만들어 낸다. 만성적 우울증은 무망함을 느끼게 되나 희망이 없는 건 아니다. 사람들은 우울증을 극복할 수 있고 또 극복한다.

만약 당신이 만성적으로 우울하다면 그것을 받아들이고 비난을 멈추라. 우울증을 극복하게 되길 원하는 건 큰 도움이 된다. 당신이 우울한 기분을 느낄 뿐만 아니라 우울한 방식으로 행동하고 있다는 걸 깨달으라. 당신은 당신 행동을 바꿀 수 있으며 당신의 감정이 뒤따라 바뀔 것이다. 도움을 구할 만큼 충분히 오랫동안 자신을 우울에서 끌어내라. 당신이 원하지 않거나 그렇게 할 힘이 없을 때에도 어떤 다른 행동을 하도록 노력하라. 어쨌든 그 행동을 하고 그런 용기에 대해 자신을 보상하라. 자신과 세상에 대한 당신의 지각은 단지 지각일 뿐이고 실제가 아님을 인정하라. 당신은 사물을 지각하는 당신의 방식을 바꿀 수 있다. 관찰하는 눈을 배우도록 노력하라. 자기 본위적인 사람이 되라. 자신을 자기중심에서 데리고 나오라. 그것은 시간이 걸리는 일이지만 당신에게는 충분한 시간이 있다.

왜 나는 나의 감정을 그렇게 두려워하는가?

앞에서 말했듯이, 우리는 감정과 감정표현을 혼동하도록 배웠다. 우리는 우리의 감정과 우리가 한 행동이 동의어라고 생각한다. 그래서 분노는 고함치기, 두려움은 떨기, 슬픔은 울음이 된다. 그러나 감정과 행동은 다른 것이다. 고함치지 않으면서도 화가 나고, 떨림이 없이도 두렵고, 울지 않으면서도 슬플 수 있다.

우리는 또한 우리가 통제할 수 있는 것도 혼동하도록 배웠다. 분노, 두려움, 기쁨 등을 통제하도록 훈련되었다. 어떤 특정한 상황에서 화를 내는 것은 적절하지 못하고 약한 사람만이 슬프다는 말을 들었다. 부모가 자녀들에게 "슬퍼하지 마라.", "너는 나한테 화를 낼 수 없다.", "그렇게 흥분하지 마라." 등과 같은 말을 하는 걸 우리는 얼마나 자주 들어 왔는가! 그래서 우리는 감정을 어떻게든 통제해야만 한다고 생각해 왔다. 그러나 통제하는 방법은 모른다. 그러면 부적절한 때에 감정을 느끼기보다는 느끼지 않으려 하는 것이 더 쉬워지게 된다. 그리고 감정을 통제할 수 없을 때는 통제할 수 없게 된 것 때문에 죄책감을 느끼고 자신을 처벌하게 된다. 우리가 감정을 적으로 생각하고 두려워하는 것은 이상한 일이 아니다!

감정을 통제할 수 없기 때문에 감정을 통제하려는 시도는 허사가 된다. 대신 감정을 두려워하지 않고 받아들이는 데 중점을 두고, 이러한 감정의 표현을 통제하는 일을 훈련하라. 감정을 인식하는 것과 행동하는 것 사이에는 시간이 있다. 이 시간에 주목하라. 당신 감정에 대해 즉각 행동할 때 당신은 반응하고 있는 것이며, 당신 감정이 당신을 통제하고 있다고 느끼게 될 것이다. 즉각적으로 반응할 필요가 없음을 깨달으라. 자신을 나타내고 싶은 방식을 선택할 시간을 가지라. 그것이 분노든 슬픔이든 무엇이든 간에 "나는 ________를 느끼고 있어."라고 말함으로써 당신의 감정을 인정하라. 그리고 자신에게 물으라. "내가 해야 할 일은 무엇인가?" 그리고 몇 초가 지난 뒤 자신에게 물으라. "이렇게 하고 난 뒤에 나는 나 자신에 대해 어떻게 느낄 것인가?" 만약 당신이 나쁘게 느낄 것이라고 생각한다면 그렇게 하지 말라. 다른 반응을 하도록 하라. 만약 좋게 느낄 것이라고 생각한다면 그렇게 하라. 다른 반응을 하려고 하지 말라. 불확실해도 괜찮다. 만약 다른 사람이 개입된다면 그 사람에게 당신이 느끼는 감정과 당신이 그 감정을 어떻게 할지 모르겠다는 말을 하라. 그들이 당신에게 반응하는 방식은 당신이 겪고 있는 혼돈을 해결하는 걸 도울 것이다. 그때 당신은 다른 행동이 필요하지 않은 방식으로 대화를 시작하게 된다. 감정을 인정하기, 그 감정을 받아들이기는 당신이 그 감정을 더 이상 두려워하지 않는다는 걸 의미함을 기억하라. 당신이 좋아하거나 좋아하지 않는 당신의 모든 감정들은 정상적이고 자연스러운 것이다. 그 감정들은 당신의 일부이며 좋거나 나쁘고, 옳거나 틀린 것이 아니다. 감정은 인간을 기계와 구분해 주는 것이다. 당신의 인간미를 두려워하지 말라. 당신은 더 이상 당신의 감정을 두려워하지 않을 것이다.

나는 내가 필요한 모든 것을 갖고 있다. 그런데도 왜 나는 불행한가?

이 질문에 답을 하려면 '모든 것'이란 말의 정의가 필요하다. 이 질문이 물어졌을 때 '모든 것'은 사회, 즉 서구 모델이 중요하다고 정의한 외적인 것 모두를 의미한다. 그리고 이 외적인 것 모두는 약한 자아와 관련되며 우리 자신 밖에 있는 것들로 우리에게 가치를 주는 것들이다. 이 외적인 것 모두는 변하기 쉽고 일시적인 성질을 갖는다. 그 때문에 자존감을 갖는 부분인 우리의 내적 자기와 연결되어 있지 않다. 그 모든 것은 우리의 통제 밖에 있을 때 아무것도 아니며 언제든 우리를 떠날 수 있다.

외적인 것들은 내적 자기나 내 안의 아이를 만족시키지 않는다. 그것들은 곧 재미없어질 장난감이다. 진짜 재미있는 일은 우리가 외적인 것을 성취하려고 노력할 때 일어나며, 일단 그것들을 소유하게 되면 그것들이 우리에게 갖는 가치는 없어지고 우리는 소유할 또 다른 것을 찾게 된다는 걸 종종 발견하곤 한다. 이런 경우 재미는 도전에 있는 것이지 그 물건 자체를 획득하는 데 있는 게 아니다. 하지만 자존감을 찾는 경우에는 정반대가 된다. 자존감의 경우에도 도전이 있지만 진정한 기쁨은 자존감의 획득과 함께 온다. 그리고 자존감을 오래 가질수록 자존감에 더 많은 가치를 두게 된다.

모든 외적인 것들 중 약한 자아와 관련된 것들은 내적 자기나 내 안의 아이에게는 의미가 없다. 우리 자신도 그리고 내 안의 아이도 사랑 대신에 물건을 갖고 싶어 하지는 않는다. 여기서의 모순은 우리가 우리의 내적 자기와 내 안의 아이에게 더 많은 물건을 던져 줄수록 내적 자기는 더 어찌할 바를 모르고 우리의 내 안의 아이는 더 갈망한다는 것이다. 실행모델doing model은 이런 물건들에 가치를 두며 우리가 성공할 때 만족을 느낄 것이라고 가르친다. 성공은 물건들로 정의되며 당신이 더 많이 성공할수록 더 많은 것들을 갖게 된다. 더 이상 우리가 갖고 있는 어떤 것에도 만족하지 못하고 모든 것이 중요하지 않게 될 때까지 이런 외적인 것들이 계속 추가된다. 서구 모델에서 우리가 알고 있는 부자들을 생각해 보라. 그들 중 얼마나 많은 사람들이 그들이 소유하고 있는 것을 누리는가? 그들 중 얼마나 많은 사람들이 "충분해… 나는 충분히 갖고 있어."라고 말할 수 있는가? 우리가 자신을 좋게 느끼는 데 얼마나 많은 집, 많은 차, 많은 옷이 필요한가? 우리 자신을 사랑하는 데 얼마나 많은 돈이 드는가?

서구 모델은 이런 질문에 답하길 거부한다. 사실상 일단 우리가 이러한 질문을 하게 되면 우리는 그 모델을 취소한다. 물론 그 답은 이 모델 안에 있지 않다. 모든 질문에 대한 답은 간단하다. 당신은 자존감을 돈으로 살 수 없다. 당신은 외적인 것에서 자존감을 얻을 수 없다. 그리고 당신은 자존감 없이 만족할 수 없다. '모든 것' 이 당신 외부에 있는 것으로 정의될 때 필요한 모든 것을 갖고 있다는 것은 보통 당신을 냉소적이 되고, 비판적이 되고, 피곤하게 만든다.

매우 부유한 약한 자아보다 더 슬픈 것은 없는 것 같다. 이런 가여운 영혼들은 실제로 서구 모델을 믿고 있으며 그들이 왜 불행하다고 느끼는지 이해하지 못한다. 그들은 종종 더 많은 일을 하고, 더 높은 목표를 세우며, 자신과 타인에게 비현실적인 기대를 가지려고 애쓴다. 그들은 더 빠르게 일하고 그것을 아주 중요하게 느낀다. 그리고 마침내 그들이 자신과 자기 삶의 현실을 보게 될 때 자주 당황하게 된다.

당신이 잃어버리지 않은 장소에서 잃어버린 물건을 찾는 건 어리석은 일이다. 약한 자아 모델에서 자존감을 찾는 일을 멈추라. 만약 당신이 '모든 것' 을 갖고 있으면서 불행하다면 왜 새로운 것을 시도하지 않는가? 장난감이 충족시킬 수 없는 비현실적인 기대를 갖지 않는다면, 당신은 갖고 노는 장난감을 즐길 수 있다. 당신이 원할 때 당신의 장난감을 가지고 놀라. 하지만 자존감을 발달시켜 당신 자신에게 영향을 줄 시간을 가지라. 당신의 장난감이 당신에게 내적 인식과 균형, 자기가치를 줄 것이라 기대하지 말라. 그것은 단지 장난감이라는 걸 기억하라. 그것은 당신이 아니다. 그리고 당신 자신을 어떻게 느끼는가의 책임은 당신에게 있다.

나는 왜 그렇게 원망하는가?

원망은 우리가 자신에게 우리가 원하는 걸 충분히 주고 있지 않을 때 일어난다. 그것은 우리 자신의 많은 부분을 다른 사람에게 주고 있으며 무엇을 하든 우리가 허전하고, 고독하며, 학대받는다고 느끼는 걸 의미한다. 원망은 순수한 감정이 아니다. 원망은 분노나 슬픔의 감정으로 우리의 '컴퓨터 뇌'에 의해서 원망이라 부르는 것으로 합리화되고 주지화된 것이다. 그러므로 원망을 다루기 위해서는 원망의 기저에 있는 감정을 움직이는 것이 더 쉽다.

원망은 우리가 '순수하지 않은' 선물, 즉 끈이 붙어 있는 선물조종하기 위한 선물을 줄 때 일어난다. 예를 들어 우리는 다른 사람에게 어떤 것을 준다. 시간, 에너지 혹은 물건이 될 수도 있는데 이것들은 우리가 진정으로 주길 바라지 않거나 혹은 어떤 이유 때문에 주려고 하는 것들이다.

우리는 보답받기 위해서 어떤 것을 주려고 한다. 주는 것의 목적은 보답받기이다. 우리는 우리의 선물이 보상을 가져오길 기대한다. 우리는 보상을 기다리며 보상이 주어지지 않을 때 원망을 느낀다. 우리가 선물을 주었다는 것에 화가 나고 선물을 받은 사람에게 화가 난다. 그들은 우리의 기대를 따르지 않고 우리 기대에 따라 살지 않는다. 그래서 우리는 원망한다. 우리는 선물을 되돌려 받고 싶다.

원망은 우리가 우리 자신을 돌보지 않을 때만 생긴다. 과자단지 이론을 기억하라: 만약 당신이 다른 사람만을 위해서 과자를 굽고 자신을 위해서는 과자를 굽지 않는다면 다른 사람들이 당신의 과자를 먹을 때 당신은 원망할 것이다. 만약 당신 자신의 요구가 채워지고 있다면 당신은 원망을 느끼지 않는다. 어떤 사람에게 선물을 주기 전에 당신 자신에게 선물을 주라. 당신 자신의 요구를 먼저 돌보라. 그 뒤에야 당신의 선물은 순수해질 것이다.

원망은 아마도 죄의식 다음으로 가장 자기 파괴적인 개념일 것이다. 원망은 정신의 암이라고 생각될 수 있다. 원망을 잘하는 사람을 사랑하거나 그 사람 곁에 있는 일은 거의 불가능하다. 원망은 책임의 반대 개념이다. 원망이란 어떤 다른 사람이 우리가 필요한 게 무엇인지 알고, 우리의 요구에 따라 행동하고, 우리를 돌보아 주길 기다리는 걸 의미한다. 그리고 다른 사람들이 그런 일을 하지 않을 때, 다른 사람들이 우리를 위해 이런 일을 할 수 없을 때, 원망이 일어나서 다른 사람들을 비난한다.

원망을 중독 질환으로 생각하라. 원망에서는 현재의 우리를 이루는 모든 것, 우리가 필요한 모든 것이 외적인 것이다. 우리는 더 이상 우리가 느끼는 방식에 책임이 없다. 다른 사람에게 그 책임이 있다. 우리는 보답하지 않는 사람들에게 주고 또 주는 일의 희생자가 되어 왔다. 중독자는 자신을 고쳐 줄 어떤 외적인 것을 기다린다. 중독자는 늦어진 마약주사에 화가 나는 것을 당연하게 느낀다. 중독자는 자기 문제로 외부 세상을 탓하는 걸 당연하게 느낀다. 중독자는 정말 자기중심적이다. 원망을 느낄 때 우리는 중독된 사람처럼 행동한다. 우리는 자신의 행동에 대해 책임지길 거부한다. 우리가 다른 사람에게 준 선물은 너무 비싸다. 그 선물들은 상대방을 교묘히 조종하여 훨씬 더 높은 선물로 돌려주길 요구한다.

만약 당신이 원망하고 있다면, 당신이 받길 원하는 것보다 당신이 원하는 것에 초점을 둠으로써 변화하기 시작하라. 당신 자신의 요구를 돌보라. 다른 사람들이 당신이 요구하는 것을 모르며 당신이 요구하는 것을 주지 않는다고 화내는 일을 멈추도록 노력하라. 다른 사람들을 돌보는 걸 멈추라. 상호 종속적서로 종속적인 관계를 말함이 되는 걸 멈추라. 도움을 구하라. 당신의 원망을 암으로 생각하라. 많은 암들이 이제는 치유될 수 있다. 당신의 원망은 치유될 수 있다. 암을 치료할 수 있는데 누가 암을 갖고 있으려 하겠는가? 당신의 원망스런 감정을 제거하는 데 필요한 일이면 무엇이든 하려고 준비하라. 당신은 새로운 행동을 하려고 노력해야 하며 당신 자신을 돌봐야 한다. 만약 당신이 암을 앓고 있다면 이런 일을 했을 것이다. 원망을 없애기 위해 이 일을 하라. 원망은 당신의 영혼을 먹어 치우고 당신이 자존감을 갖지 못하게 만든다. 누가 원망이 필요하겠는가?

왜 나는 모든 것에 대해 그렇게 혼란스러운가?

만세! 새로운 것을 배우는 바로 그 장소, 그 시간에 있을 때 혼란스러워지는 일이 일어난다. 모든 것에 대해 혼란스러운 것은 서구 모델이 더 이상 우리에게 효과가 없다는 의미다. 서구 모델은 우리가 필요한 것을 더 이상 말해 주지 않는다. 그것은 다른 사람에게 반응하는 것이 더 이상 효과가 없고 우리 삶에서 기본적인 것이 빠져 있다는 걸 의미한다. 혼란스러운 것은 우리의 본능적 질문에 대한 답이 더 이상 주어지지 않기 때문이다. 혼란스러운 것은 새로운 개념을 수용할 기회가 되었다는 걸 의미한다. 혼란은 인간 존재, 불완전한 존재의 정상적 상태다. 혼란 상태는 변화의 필수적인 선행조건이다. 우리가 어디에 있는지를 확신할 수 있을 때 우리는 변화하지 않는다. 우리는 불편하고, 고통스럽고, 혼란스러울 때만 변화한다.

혼란을 환영하라. 그것이 새로운 것의 시작임을 알라. 혼란은 불확실성을 의미한다. 그것은 우리가 기꺼이 위험을 감수하고 익숙하지 않은 새로운 것을 시도하는 걸 의미한다. 그러나 무엇보다도 우리가 변화에 대해 준비가 되었다는 걸 의미한다. 서구 모델은 항상 통제하는 것이 중요하다고 가르친다. 심지어 우리가 통제할 수 없는 것조차도 통제하는 것이 중요하다고 가르친다. 혼란은 우리가 더 이상 서구 모델에 편안함을 느끼지 않는다는 걸 의미한다. 그것은 위험감수 단계를 만든다. 만약 우리가 혼란스럽지 않다면 우리는 변화하지 않을 것이다.

영아가 자기가 이해하지 못하고 아직 의사소통하는 걸 배우지 못한 세상 속에 있는 게 얼마나 혼란스러울지 생각해 보라. 영아는 무슨 일을 하는가? 환경의 의미를 만들기 위해 영아는 모든 걸 시도한다. 그리고 그 모든 것이 새로운 행동이다. 그리고 영아는 의사소통하기 위해 모든 위험을 무릅쓴다. 그리고 그 일은 효과가 있다. 영아는 의사소통하는 법, 함께 있는 법, 할 필요가 있는 일을 하는 방법을 배운다. 우리 나이가 몇 살이든 자존감을 갖는 방법을 배우기 시작할 때 우리 모두는 영아이다.

만약 당신이 혼란스럽다면 모든 위험을 감수하라. 효과가 있을 법한 모든 것을 해 보라. 그리고 만약 하나가 효과가 없으면 다른 것을 시도해 보라. 마침내 당신은 당신 자신 밖에서는 당신이 필요한 것을 찾을 수 없다는 결론에 도달할 것이다. 당신은 모든 길이 같은 장소로 가게 되며 그곳은 바로 당신 자신의 중심임을 발견할 것이다. 만약 혼란스러워지지 않는 방법을 배우길 원한다면, 모순paradox 개념을 공부하라. 혼란스러운 자신을 받아들이라. 그리고 당신 자신이 불확실해지는 걸 허용하라. 당신이 이 일을 하면 곧 당신은 덜 혼란스러워질 것이다. 당신의 혼란을 변화를 가져오는 긍정적 수단이라고 기뻐하라. 당신이 기뻐하면 곧 당신은 덜 혼란스러워질 것이다. 당신 자신 안에서 답을 찾으라. 당신은 그 답이 그곳에 있다는 사실에 더 크게 안심하게 될 것이다. 당신의 혼란을 즐기고 당신이 그것을 통제한다는 생각을 버리라. 당신이 그 생각을 버리면 곧 자신을 더 확신하게 될 것이다. 모순은 효과가 있다. 혼란은 긍정적 상태이다. 혼란은 당신이 인간이고 당신이 모든 답을 알지 못하며 당신이 좋은 상태임을 의미한다. 당신은 혼란스러우면서도 동시에 완벽하다고 믿을 수는 없다. 당신은 혼란스러우면서 동시에 약한 자아의 희생자가 될 수는 없다. 혼란상태는 은혜받은 상태와 비슷하다. 당신은 모르며, 당신은 전혀 강하지 않다는 사실을 공표하고 받아들일 때가 당신이 혼란스러워하지 않으면서 당신이 알고 있다고 생각할 때보다 더 신에 가까워진다.

난 때때로 이상한 생각을 한다. 이것은 내가 미쳤다는 걸 의미하는가?

우리는 모두 어느 정도는 미쳐 있다. 인간이 된다는 것은 얼마간 미치는 걸 의미한다. 광기craziness를 더 받아들이기 쉬운 단어로 나타낸 것이 창의성이다. 창의성은 규범의 바깥쪽, 상자의 바깥쪽, 서구 모델의 바깥쪽에 있는 것을 의미한다.

우리 모두는 진정한 천재란 세상을 다른 방식, 즉 이상한 방식으로 보는 걸 의미한다는 것을 알고 있다. 심리학, 정신의학, 의료제도medical establishment는 광기를 생각만으로 정의하지 않고 기능과 행동으로 정의한다. 우리는 이상한 생각을 할 수 있다. 그러나 그 이상한 생각에 따라 행동하지 않고 또 이상한 생각이 우리의 삶을 지배하게 내버려 두지 않는다면 아마도 미쳤다는 낙인이 찍히지 않을 것이다.

이것의 가장 좋은 예가 정신병원에 감금된 한 입원환자의 이야기이다. 그 환자를 만난 심리학자는 그 사람에게 그가 생각하고 있는 것 모두를 "나는 ________을 꿈꾼다."라는 말로 시작하라고 말했다. 그리고 곧 그 환자를 병원에서 퇴원시켰다. 이상한 꿈들이 실제라고 생각하지 않는 한 이상한 꿈을 꾸는 건 충분히 받아들여질 수 있다. 왜냐하면 그것은 우리 생각과 관련되기 때문이다. 우리는 우리가 한 행동에만 책임이 있으며 행동을 통제할 수 있다.

광기의 경계가 어디서 시작되는지는 아무도 모른다. 우리는 규범이 중간 범위를 설정한다는 것과, 만약 당신이 대부분의 사람들이 하는 것처럼 생각하고 행동한다면 미쳤다고 낙인찍히지 않는다는 걸 안다. 그래서 명민함brilliance은 진정한 규범이 정한 한계 밖에 있기 때문에 종종 광기의 딱지가 붙는다.

이 말은 병리적인 실제의 광기가 없다고 말하는 게 아니다. 이런 유형의 병리는 적응적 방식 또는 수용 가능한 방식으로 기능할 수 없는 사람에게만 적용된다. 병리는 자각conscience이 없고 타인을 의식하지 않을 때 분명히 존재한다. 우리는 자기를 배제한다는 점에서 지나친 타인 의식이 갖는 위험을 논의해 왔다. 그러나 지나치게 타인을 의식하는 일과 전혀 의식하지 않는 일 사이에 균형이 있다. 이 연속선의 양끝은 미친 형태로 이름이 붙는다.

지나친 타인 의식은 종속codependence이라 불리는 병이다. 타인을 전혀 의식하지 않는 것은 정신병적이거나 자아도취적임을 의미한다. 정신병적이거나 신경증적인성격장애인 것 사이의 차이점은 우리가 세상에서 기능하는 정도에 달려 있다. 만약 우리가 어떤 역량은 잘 발휘하고 있지만예를 들면 일 다른 것예를 들면 관계에서는 잘 기능하지 못한다면, 우리는 성격장애가 있는 것으로 분류된다. 만약 우리가 편집증이나 정신분열증과 같은 전반적인 질병으로 인해서 어떤 능력에서나 잘 기능할 수 없다면 우리는 정신병질적psychopathic인 걸로 분류된다. 만약 기능하는 힘이 전혀 없다면 우리는 정신적 결함이 있는 것으로 분류된다. 만약 우리가 뛰어나게 기능하지만 다른 사람과는 다르게 기능한다면 우리는 괴짜나 천재로 불린다. 규범 바깥쪽에 존재하는 모든 것에 명칭이 있다. 심지어 '정상' 조차도 명칭이다.

언젠가 당신은 이상한 생각을 하게 될 것이다. 당신의 생각은 당신의 감정과 같아서 당신이 통제할 수 없다는 걸 인정하라. 그러나 이러한 생각을 가지고 어떻게 행동할 것인지는 당신이 그 생각에 따라 행동하든 그렇지 않든 간에 당신의 통제 안에 있다.

당신의 이상한 생각을 두려워하지 말라. 그 생각들 중 일부는 열이나 다른 의식 상태 때문에 생길 수 있다. 당신은 그런 이상한 생각에 따라 행동하지 말아야 한다. 만약 당신이 이상한 생각에 따라 행동하는 걸 선택한다면 당신 행동에 책임이 있게 된다. 어떤 것을 생각하면 그 일이 일어날 것이라거나 당신이 그 일을 일어나게 해야만 한다는 걸 의미하는 건 아니다. 당신의 모든 생각에 주목할 필요는 없다. 당신은 당신이 행동하는 방식을 인식해야만 한다. 이상한 생각은 이상한 생각 자체로만 있는 한 받아들일 수 있다. 그러나 이상한 행동을 하는 건 받아들여질 수 없다. 당신은 행동하기로 결정한 것과 그 행동 방식에 대해서 책임이 있다. 자존감은 자기 자신과 타인에게 애정 어린 방식으로 그 행동하는 걸 의미한다.

왜 나는 그렇게 비판적(판단적)일까?

다른 사람을 비판하는 건 우리가 불안정함을 나타낸다. 우리 자신을 수용할 수 없다면 다른 사람과 그들의 약점이나 실수를 수용하는 것은 불가능하다. 우리 자신에 대해 더 확신하지 못할수록 다른 사람의 잘못을 더 많이 찾는다. 이것이 우리 자신의 잘못을 용서하는 한 가지 방식이다. 우리는 다른 사람을 비판함으로써 우리 자신을 정당화한다. 그것은 마치 "나는 그렇게 나쁜 게 아니에요. 저 사람을 보세요, 그는 더 나빠요." 라고 말하는 것과 같다.

서구 모델은 우리가 성공하기 위한 수단으로 경쟁적 욕망을 갖도록 가르치고, 그 일부분으로 다른 사람과 비교하고 판단할 것을 요구한다. 우리는 우리가 갖고 있는 것을 다른 사람이 갖고 있는 것 또는 다른 사람이 한 일과 비교함으로써 우리의 성공을 측정하도록 배웠다. 종종 우리는 자신에 대해 더 많은 안정감을 느끼기 위해서 다른 사람을 비판한다. 다른 사람을 불완전하다고 판단하고 그들의 약점을 강조하는 일은 우리 자신의 행동을 열심히 살펴보는 일보다 더 쉽다. 게다가 모든 사람은 이런 일을 하고 있으며, 다른 사람을 비판하는 것은 일상적이고 종종 재미있는 인간 의사소통의 한 부분인 것처럼 보인다. "그가 어떻게 했는지 내가 말해 줄게."라는 말은 관심을 갖고 있는 듣는 이listener를 안심시킨다. 그리고 모든 잡담은 어느 정도 비판이나 판단에 의존하고 있지 않은가?

다른 사람을 판단하는 일이 갖고 있는 한 가지 문제는 우리의 잘못보다는 다른 사람의 잘못을 강조하는 게 우리를 더 기분 좋게 만드는 경향이 있고, 우리 자신의 불안정성을 줄이는 것처럼 보이기는 하지만 그것은 수명이 매우 짧은 치료라는 점이다. 만약 우리가 어떤 사람에 대해 이 모든 부정적인 시시한 소리를 하고 있다면, 다른 사람들은 우리에 대해 뭐라고 말하고 있을까를 너무나도 빨리 알게 된다. 우리가 판단되고 비판받게 되는 일에 면역이 안 된다는 것을 인식하자마자 우리의 불안정성은 증가하고 방어가 늘며 심지어 우리는 더 비판적이고 판단적이 된다. 그리고 부정적 순환이 더 심해지고 우리는 더 불안정해지게 되며 약한 자아가 우리를 완전히 지배하게 된다.

다른 사람을 판단하고, 그들에 대해 나쁜 말을 하고, 사람들을 헐뜯고, 험담하고, 비교하고, 부정적이 되는 일은 모두 실망스런 상태를 가져온다. 실망시키는 사람 주변에 오래 머물려고 하는 사람은 없다. 또한 우리가 나쁘게 보이기 위해서 우리 자신을 헐뜯고, 비교해서 다른 사람들보다 못하다는 걸 밝히고, 다른 사람을 받들어 모시는 건 모두 판단의 측면들이다. 그러나 이때는 우리가 비판의 더 낮은 쪽에 있어서 불안정하다는 걸 말하고 있는 것이다. 우리는 우리 자신을 실망시키게 된다. 그리고 다른 사람의 것이든 우리 자신의 것이든 실망은 인간 정신을 파괴하는 행동 중 하나다. 우리는 실망한 상태에서는 최선을 다해 시작할 수 없다.

판단과 비판은 기대와 밀접한 관련이 있다. 일반적으로 우리는 어떤 일이 일어나길 기대하고 있는데 그 일이 일어나지 않을 때 비판한다. 우리는 전형적으로 사람들이 우리를 위해 일하고 우리를 보살피거나, 우리가 그들을 인식하는 것처럼 되기를 바라며 우리의 기대에 못 미칠 때 우리가 느끼는 비판을 정당화한다. 무엇보다 그들이 하리라고 '가정된' 것을 그들은 하지 않았다. 이 과정에 대해 잠깐만 생각해 보라. 누구의 눈이 판단하고 있는가? 기준을 세운 사람은 누구인가? 그들이 옳은 인식을 가지고 있다고 추측한 사람은 누구인가? 다른 사람을 판단하는 일은 그들을 어떤 것과 비교하는 걸 나타내는데 그 기본적인 것이 무엇인지를 알 권리를 가진 사람은 누구인가? 우리가 다른 사람을 비판하고 판단할 때, 자기중심적인 눈을 통해서 세상을 인식하고 있지는 않은가? 묵시적으로 우리의 기준이나 신념 또는 실패를 다른 사람들에게 부여하고 있는 건 아닌가?

모든 판단과 비판은, 우리 자신에 대한 것이든, 다른 사람에 대한 것이든 완벽에 대한 요구를 암시한다. 우리가 일단 이것을 포기하고 완벽할 수 있는 사람은 아무도 없다는 걸 받아들이면, 더 이상 우리는 다른 사람을 판단하는 파괴적이고 실망스러운 일을 할 필요가 없다. 우리는 다른 사람들의 현 상태를 받아들일 수 있고 그대로 둘 수 있게 된다. 우리는 격려자가 될 수 있다.

왜 나는 그렇게 소유욕이 강한가?

물건과 사람에 대해 소유욕이 강한 것은 우리 자신의 불안정성을 보여 주는 또 다른 방식이다. 그것은 우리 자신의 욕구를 외부 자원들로 충족시키려 한다는 걸 의미한다. 우리 자신이 확신이 없을 때 우리는 소유욕이 강해지며, 우리 자신의 가치를 믿게 해 줄 다른 사람들이나 물건이 필요해진다. 서구 모델은 우리의 가치가 우리가 소유한 것에 의해서 결정된다고 가르쳤으며, 우리는 내적인 소유물보다는 외적인 소유물에 집중하도록 배웠다. 다른 사람을 사랑하는 법을 모를 때 우리는 다른 사람의 사랑을 소유하고 싶어진다. 충분하다는 확신을 느끼지 못할 때 우리는 물건을 수집한다.

우리 외부에 있는 모든 것은 우리의 것이 아니다. 어느 기간만 우리에게 빌려 준 것이지 가지고 있어야 하는 것은 아니다. 소유욕이 강할 때 우리는 종종 이런 물건들을 소유하려 하고, 그것에 매달린다. 여기에서의 모순은 어떤 것에 자주 매달리면 그것을 잃게 되는 결과를 가져온다는 점이다. 만약 우리가 지금까지 소유욕이 강한 사람의 사랑을 받아 왔다면 우리는 그들의 집착이 얼마나 파괴적인지 알고 있다. 강한 소유욕은 질투를 키우고 질투는 사랑을 파괴한다. 사랑하는 대상을 잃을까 봐 두려울 때, 애정 어린 방식으로 행동하고 성장을 격려하는 방식으로 행동하기는 매우 어렵다. 소유적인 사랑은 진정한 사랑이 아니다. 오히려 진정한 필요를 나타낸다. 그리고 어떤 사람에 대한 필요는 그들을 진정으로 사랑하는 행동과는 매우 다른 행동을 하게 한다. 우리가 소유적일 때 우리는 변화에 저항하려고 한다. 우리는 그들을 현재의 그대로 유지하려고 하며, 그렇게 하여 인위적인 삶의 현실을 만들고 있다. 우리는 우리의 시간과 힘을 사랑을 주는 일보다는 사랑받는 일에 쏟고 있다. 강한 소유욕은 자기가치를 찾기 위해 외부의 목발을 사용하는 것을 의미하기 때문에 정서적 핸디캡이 된다. 우리가 소유하고 있는 것이 우리를 지배한다. 그것은 부담이 되고 우리 자신에 대한 사랑을 멈추게 만든다. 우리가 소유하고자 하는 대상을 파괴할 뿐만 아니라 그 과정에서 우리 자신도 파괴한다.

다른 사람과 물건을 소유하려는 걸 멈추는 단 하나의 방법은 사랑받고 존중받고 싶은 당신의 욕구를 보살피는 것이다. 다른 사람에게 요구하는 것을 당신 자신에게 주려고 노력하라. 아무것도 가지지 않은 당신을 상상하고 당신 내부에 갖고 있는 것에 집중하라. 만약 당신의 모든 가치가 외적인 것에 집중되어 있다면 이 말은 두렵게 들릴 수 있다. 그러나 당신은 당신이 필요한 모든 것을 당신 자신 안에 가지고 있다. 자기중심적인 눈으로 세상을 인식하는 걸 멈추라. 당신은 당신 자신을 제외한 어느 것의 중심도 아니다. 당신이 외적으로 얼마나 많이 가졌는가와는 상관없이 당신이 자신을 사랑할 수 없다면 당신은 아무것도 아니다. 당신의 시간과 힘을 소유하라. 이기적이 되라. 다른 사람들이 당신에게 해 주길 바랐던 일들을 자신에게 해 보라. 나중에 당신이 어떤 사람을 소유하고 싶을 때나 당신을 안심시켜 줄 어떤 사람이 필요할 때, 그 일을 당신 자신에게 하도록 노력하라.

사랑하는 사람과 물건들을 그대로 두라. 그들이 당신의 욕구를 채워 줄 거라 기대하지 말라. 여기에 대단한 모순이 있다. 당신이 덜 소유적일수록 당신은 더 많이 사랑받을 것이다. 당신이 다른 사람들을 덜 필요로 할수록 그들은 당신 주위에 더 많이 있고 싶어 할 것이다. 자존감을 가진 안정된 사람들은 소유적이 될 시간이나 힘을 갖고 있지 않다. 자신의 요구를 다른 사람에게 맡기기엔 그들은 너무 바쁘고 너무 만족스럽다. 그들은 다른 사람들이 그들을 돌보고 싶어 하지 않는다는 사실을 받아들인다. 기억하라, 당신은 소유적이면서 동시에 자존감을 가질 수는 없다. 소유욕은 필요에 대한 것이다. 자존감은 사랑과 선택에 대한 것이다. 소유는 감옥이다. 자존감은 자유이다. 어느 것을 선택하겠는가?

왜 나는 항상 울고 있는가?
혹은 왜 나는 결코 울지 않는가?

이 두 가지 질문은 서로 반대되는 것처럼 보일 수 있다. 그러나 많은 반대말들이 그렇듯이 이 두 가지 질문은 같은 원인에서 비롯된 결과이다. 너무 지나친 울음과 전혀 울지 않음은 우리 자신에 대한 신뢰가 부족함을 의미하며 자신의 감정을 통제하려 한다는 걸 의미한다. 우리는 우리 자신이나 감정을 신뢰하지 않도록 훈련받아 왔다. 그와 동시에 우리는 감정들을 통제해야 한다고 배워 왔다. 우리는 감정에 굴복하는 건 잘못이고 만약 그렇게 된다면 우리가 약한 것이라고 믿으며 자란다. 자신을 보살필 수 있다는 걸 믿지 못할 때 우리는 지나치게 운다. 자신의 눈물을 두려워할 때 우리는 결코 울지 않는다. 두 경우 모두 우리가 자신을 통제할 수 없다는 두려움을 나타낸다.

모든 시간 내내 울고 있을 때는 아마도 우는 이유를 잊었을 것이다. 우리는 포기하고 굴복했으며 절망과 상실을 느낀다. 우리는 삶의 슬픔에 잠기는 걸 두려워하게 된다. 우리가 결코 울지 않을 때도 우리는 자신을 통제하지 못하고 무력해지는 걸 두려워한다. 과도한 통제의 대가는 느끼지 않는 것이고 느끼지 않는 것은 완전히 살아 있는 게 아니다.

항상 우는 것과 결코 울지 않는 것은 모두 진실이 아니다. 우리가 슬플 때 또는 감동받았을 때 또는 대단히 행복할 때의 눈물은 감기가 걸렸을 때 코를 푸는 일처럼 자연스러운 일이다. 감기는 자연스러운 과정을 거쳐 지나간다. 만약 우리가 눈물에도 자연스러운 과정이 작용하도록 허락한다면 우리의 눈물도 지나갈 것이다.

자제력이 강한 사람과 항상 우는 사람들은 모두 경직되어 있다. 그들은 자연스러운 과정을 더 이상 믿지 않는다. 그들은 모든 상황에서 하나의 반응, 하나의 방어, 하나의 존재방식을 과도하게 사용하고 과잉일반화시킨다. 그들은 삶의 현실을 피하기 위해 일을 대단히 열심히 한다. 단기적으로는 두 반응 모두 효과가 있을 수 있다. 다른 사람들은 울고 있는 사람을 돌보기 위해 몰려들고, 자제력이 강한 사람을 자제를 잘한다고 칭찬할 수 있다. 그러나 잠시 후에 이 두 반응 모두 귀찮아진다. 우는 사람은 자신을 추스리라는 말을 듣게 되고, 자제력이 강한 사람은 자기와 관계된 사람이 아무도 없음을 발견하게 된다. 어떻게 해야 하는가?

눈물을 미워하는 걸 멈추라. 자신에게 울거나 울지 않는 걸 허락하라.

당신이 잘못된 모델로 훈련받았음을 인정하라. 그러나 그 모델을 비난하지는 말라. 자신을 비난하지 않도록 노력하라. 이미 하고 있던 일을 하도록 자신에게 허락함으로써 당신은 수용과정을 시작하게 된다. 그리고 보통 하나의 흥미 있는 현상이 일어난다—반대되는 일이 일어나기 시작한다. 만약 당신이 울고 있을 때 자신에게 우는 걸 허락하면 당신은 자신을 더 통제하고 있다고 느끼기 시작한다. 당신은 자신에게 우는 걸 허락하고 있으며 더 이상 자신의 행동에 죄의식을 느끼지 않는다.

당신이 자신에게 울지 않는 걸 허락할 때에도 같은 일이 일어난다. 당신이 이미 하고 있는 일을 하도록 자신에게 허락한 후에 당신 자신에게 반대의 일을 하는 것도 허락하라. "내가 멈출 필요가 있을 때 난 우는 걸 멈출 수 있다." 혹은 "내가 울 필요가 있을 때 난 울 수 있다."라고 자신에게 말하라. 이 일은 미친 것처럼 들리고 지나치게 단순한 것 같지만 종종 효과가 있다.

어떤 행동으로 인해서 당신 자신을 미워할 때 당신은 그 행동을 계속하게 된다. 마찬가지로 어떤 행동을 두려워할 때도 그렇게 된다. 행동으로부터 감정을 분리해 내라. 감정은 있도록 내버려 두고 행동에 초점을 맞추라. 울기는 행동이다. 눈물은 당신 감정에 대한 자연스러운 반응이고 자연스러운 과정의 한 부분이다. 눈물은 멈출 것이다. 지나치게 우는 일이나 울지 않는 일은 모두 당신이 자연스러운 과정을 방해하고 있음을 의미한다.

자신을 믿고 자연스러운 그 과정을 믿으라. 눈물을 흘리게 만드는 그 감정을 인정하라. 자신이 감정을 느끼고 그 감정에 눈물로 반응하는 걸 허락하라. 자신을 돌보고 당신의 눈물이 멈출 것임을 믿으라. 눈물은 약함을 의미하는 게 아니다. 눈물은 당신이 사람이라는 걸 의미한다.

왜 나는 나 자신을 변호할 수 없는가?

자기주장적이 되는 것에 대한 두려움이나 우리 자신을 변호하는 것에 대한 두려움은 '좋은' 혹은 '훌륭한' 사람이 되는 방법에 대해 우리가 훈련받은 것과 관련 있다. 우리가 받은 훈련은 우리 자신을 사랑하는 방법을 가르쳐 주지 않았기 때문에, 우리는 사랑받기 위해서 사람들을 기쁘게 하는 행동을 하는 데 시간과 힘을 쓴다. 만약 우리가 다른 사람들이 한 말에 반대되는 의견을 말하면 다른 사람들은 화를 내고 우리로부터 멀어질 거라고 믿도록 배워 왔다. 거부의 위험을 무릅쓰는 일보다는 다른 사람의 말에 동의하고 우리의 권리, 선택, 감정을 자제하는 일이 더 쉬워진다.

만약 우리가 다른 사람의 말에 '찬성하면' 다른 사람들이 우리를 사랑할 것이고 우리를 보살필 것이라고 생각한다. 사람을 기쁘게 하려는 사람들people-pleasers은 보통 그들 주변에 있는 다른 사람들에게 고통을 준다는 데 모순이 있다. 사람들은 그 사람이 한 모든 훌륭한 행동을 믿는 걸 멈추고, 그곳에 진실한 사람이 있는지를 궁금해하기 시작한다. 절대로 자기주장을 하지 않는 사람은, 다른 사람을 기쁘게 하려는 사람을 포함해, 그들이 진정으로 무엇을 원하고 필요로 하고 느끼는지를 아무도 모르기 때문에 다른 사람들을 힘들게 한다. 최종 결과는, 다른 사람들이 사람을 기쁘게 하려는 사람을 틀림없이 정서적으로나 물리적으로 피하고 거부하려 한다는 것이다.

자신을 변호하지 않는 건 문자 그대로 그리고 비유적으로도 정확하게 그것을 의미한다. 그것은 우리가 이 세상에 존재하며 의견과 생각, 감정과 권리를 갖는 일이 가치 없다고 느끼는 걸 의미한다. 자신을 주장하는 건 우리 자신을 앞에 놓는 걸 의미하며 우리가 어떤 사람인지를 표현하는 걸 의미한다. 그것은 뻔뻔스럽거나 공격적인 게 아니다. 약한 자를 못살게 구는 사람은 다른 사람을 기쁘게 하려는 사람과 마찬가지로 불안정하며, 이 정반대되는 사람들이 각자에게 서로 끌리는 것은 우연이 아니다. 남을 못살게 구는 사람이 얼마나 자기중심적인지는 쉽게 알아볼 수 있지만, 다른 사람을 기쁘게 하려는 사람들의 자기중심성도 알아볼 수 있을까? 이런 사람들은 자기 자신을 돌볼 권리를 다른 사람에게 위임했다. 그들은 자기 자신을 사랑하는 능력을 그들의 좋은 행동 때문에 다른 사람들이 사랑해 주길 기대하는 것과 맞바꾸었다. 그들은 자기 자신의 삶을 전혀 책임지지 않음으로써 주변에 있는 사람들에게 자기 삶에 대한 책임을 떠맡기려고 한다. 그들은 자기중심적이다. 왜냐하면 사람을 기쁘게 하는 행동을 자신의 요구를 충족시키는 데 사용하지 않기 때문이다. 이런 사람들은 삶의 현실을 다루는 일보다 좋게 보이는 일에 더 관심이 많다. 이들은 보답을 바라는 애정 어린 속임수, 일해 주기로 시작해서 후회하고 거부되었다는 감정으로 끝낸다.

훌륭함은 선의와 같은 게 아니다. 당신이 원하지 않을 때 수동적으로 따르는 것, 속으로는 동의하지 않으면서 겉으로 동의하기는 비싼 대가를 치른다. 사람을 기쁘게 하는 이런 행동들은 효과가 없다. 그런 행동들은 우리가 진실하게 행동하고 최선을 다하는 걸 막는다. 그런 행동들은 다른 사람들이 우리를 믿고 우리와 정직하게 관계를 맺는 걸 막는다. 자기주장적이지 않은 것은 우리를 분개하게 만든다. 자기의 요구가 충족되지 않았기 때문에 자기 자신에게 분개하게 만들고 자기를 돌보지 않았다는 것 때문에 다른 사람들에게 분개하게 만든다. 항상 훌륭한 것은 현실적이지 않다. 그것은 부정적인 행동의 복잡하고 파괴적인 순환을 만든다.

그런 저주받은 '훌륭하게 행동하기'를 멈추라. 당신이 진정으로 생각하고 느끼는 걸 말하라. 당신이 자신을 진정으로 표현한다고 해서 이 세상이 무너지는 건 아니다. 진실하고 개방적이고 정직한 것은, 다른 사람들이 당신에게 바란다고 생각하는 것들보다 훨씬 더 간단한 일이다. 다른 사람들은 선택의 권리를 갖고 있으며 그들이 당신에게 동의하지 않을 수도 있음을 기억하라. 동의하지 않는 일, 자신을 변호하는 일을 당신 자신에게 허락하고 다른 사람에게도 같은 것들을 허락하라. 이것은 훨씬 더 단순하고 더 분별 있는 존재방식을 가져온다. 당신이 얼마나 훌륭해지려고 노력하는지와는 상관없이 모든 사람이 당신을 사랑하지는 않을 것이다. 만약 당신이 자신을 사랑한다면 그것은 상관없다. 그리고 당신을 사랑하는 사람들은 진정한 당신을 알게 되고 사랑하게 될 것이다. 그것만이 알 필요가 있는 단 하나의 사실이다. 자신을 주장하라. 자신을 변호하라. 당신은 여기에 있고 당신은 진실하다. 세상이 그것을 알게 하라.

왜 나는 "No"라고 하지 못하는가?

분명한 이유를 찾는다면, 이 질문은 자신을 변호하는 것에 대한 앞의 질문과 관련된다. "No"라고 말 못하는 사람들은 종종 자신이 무엇을 원하는지 혹은 무엇을 원하지 않는지를 모른다. 이런 사람들은 "No"라는 단어가 무례한 말이고 이런 말을 하면 다른 사람들이 자기를 좋아하지 않을 거라고 자주 생각한다. "No"라고 말할 수 있고 그런 뜻으로 말할 수 있는 건 자신을 존중한다는 표시가 된다. "No"라고 말하는 건 우리가 자신의 요구를 돌볼 수 있다는 걸 의미한다. "No"라고 말 못하는 건 우리가 원하지 않는 것이 무엇이고 우리가 원하는 것이 무엇인지도 모른다는 걸 종종 의미한다. '늘 예라고 말하는 사람yes people'이 분노, 혼돈스러움, 이용당했다는 느낌을 갖게 되고 그 방식으로 얻은 것이 무엇인지를 정확히 모른다는 건 우연이 아니다.

절대 "No"라고 하지 않는 사람이 그에게 "Yes"라는 말을 거의 하지 않는 사람과 인생을 함께하는 것으로 끝을 맺는 것 또한 우연이 아니다. 정반대의 이런 종류의 사람들은 진정으로 서로에게 끌리며 함께 역기능적인 단위(관계_역자 주)를 만든다. "No"라고 말할 수 없다는 건 자신을 신뢰하지 않는다는 걸, 즉 우리가 권리와 요구를 갖고 있음을 믿지 않는다는 걸 의미한다. 그것은 우리가 우리 자신이 원하고 요구하는 것보다 다른 사람들이 원하고 요구하는 것에 더 많은 관심이 있다는 걸 의미한다.

"No"라고 말 못하는 사람들은 다른 사람들의 머릿속에서 춤을 추고 있다. 이 말은 그들이 다른 사람들을 돌볼 방법을 알기 위해서 애쓰고 있음을 의미한다. 그리고 그걸 알아내기 위해서는 다른 사람을 움직이게 하는 것이 무엇인지를 알려고 애써야만 한다는 걸 의미한다. 그들은 다른 사람들이 그들을 돌보도록 수동적으로 강요하고 있다. 이것은 조종하는 것으로 들리는데 사실이다. 어떤 누구의 명령이나 요구에도 절대로 "No"라고 말하지 않음으로써 우리는 그들이 우리의 명령이나 요구에 절대로 "No"라고 하지 않길 기대하고 있다. 게다가 우리는 그들이 우리 머릿속에서 춤추고 우리가 말하지 않을 때조차도 우리가 원하고 요구하는 것을 알길 기대한다. 여기서 중요한 사실은 아무도 다른 어떤 사람의 머릿속에 있을 수 없다는 점이다. 머리마다 오직 한 사람만을 위한 방이 있을 뿐이며, 그 사람은 바로 그 머리의 주인이다. 다른 어떤 사람의 머릿속에서 춤추는 것은 우리 자신의 머릿속에서 시간을 보내지 않음을 의미한다. 그것은 우리가 자신을 돌보지 않음을 의미한다. 우리가 원하고 요구하는 것이 무엇인지 모른다는 것도 의미한다.

당신 머릿속에서 춤추라. 당신에게 요청한 것을 하고 싶지 않다고 생각하거든 “No”라고 말하라. 당신이 순수한 선물, 즉 조종하려는 의도가 없는 선물을 주고 있다고 확신할 때에만 다른 사람에게 “Yes”라고 말하라. 이것은 당신이 당신에게 요청되거나 기대되는 일을 진정으로 하고 싶어 하며 보답받으려 하지 않는다는 걸 의미한다. 이 말이 이기적으로 들리는가? 그렇다. 당신이 다른 사람을 위해서는 어떤 일을 하고 싶지 않지만, 그들이 당신을 위해 모든 것을 해 주길 기대하는 경우에만 이기적이다.

“No”라고 말 못하는 사람들은 좋은 사람이 되려고 애쓰는 매우 고상한 사람들이다. 이런 사람들은 좋은 것과 고상한 것을 혼동하는 경향이 있다. 실제로 그들은 진짜 도움이 되길 바라며 자기들의 시스템이 왜 그렇게 많은 분노와 원망을 만드는지 이해하지 못한다. 다시 한 번 더 말하면 그 원인은 잘못된 훈련에 있다. 여기에는 다른 모순이 있다. “No”라고 말 못하는 사람들은 보통 다른 사람들이 존중하지 않는다. 그들의 고상한 행동들은 당연하게 받아들이고 그들을 희생자나 별로 중요하지 않은 사람으로 대한다. 사람들은 “No”라는 대답을 존중한다. 그런 뒤 다른 때에 “Yes”라는 대답을 들었을 때 그들은 더 많이 감사하고 그 대답이 진실임을 안다.

“No”라고 말하는 걸 연습하라. 당신이 그렇게 말할 때 이 세상이 당신에게서 떨어져 나가지 않을 것이다. 당신이 어떻게 느끼는지 표현하는 일에서 순수해지라. 그것은 당신과 다른 사람의 삶을 훨씬 더 단순하게 만들어 준다. 당신은 사람들이 순수하고 분명한 "No"를 얼마나 많이 존중하는지에 대해 놀라게 되고, 당신은 정직하며 당신 자신을 돌보기 때문에 스스로에 대해 더 좋게 느끼게 된다. 모든 사람이 승리한다.

술, 약물, 음식, 성을 남용하고 타인들과 나 자신을 학대하는 걸 어떻게 멈출 수 있는가?

남용abuse은 항상 중독적인 행동이다. 삶의 고통을 멈추고 우리를 순간적으로 더 낫게—더 강하게, 더 통제하는 것처럼—느끼기 위해서나, 또는 삶의 현실에서 도피하기 위해서 우리는 물질을 남용한다. 남용 행동은 우리에게 통제감을 주거나 순간적으로 도망가는 착각을 일으켜 주기 때문에 우리는 그 행동을 되풀이한다.

그러나 남용은 항상 죄의식을 일으키고 죄의식은 악순환을 불러온다. 그것은 꼬리를 입에 문 뱀과 같다. 이 말은 앞의 죄에 대한 질문에서 논의했던 것이다. 우리는 잘못되거나 나쁘다는 걸 알고 있는 어떤 일을 하고 난 뒤에 그 일에 대해 죄책감을 느끼고 이러한 죄책감은 만병통치약이다.

처음에는 우리가 죄책감을 느끼는 것에 편해진다. 왜냐하면 우리는 '나쁜 사람' 은 죄의식을 안 느낀다고 배웠기 때문에 그 일은 우리가 진짜로 나쁜 사람이 아니라는 뜻이기 때문이다. 그러나 얼마 지난 후에 죄의식은 계속 커지고 죄의식의 고통은 참을 수 없게 된다. 그러면 우리는 우리 죄를 외적인 원인의 탓으로 돌리고 정당화하기 시작한다. 우리는 "만약 그가 그 일을 하지 않았다면 나도 그 일을 하지 않았을 거예요."라거나 "그 여자가 내게 그 일을 시켰어요."라거나 "그들은 정말 나를 이해하지 못해요." 같은 말들을 한다. 우리의 합리화나 방어가 너무 합리적으로 들리기 시작하고, 우리 행동이 너무 정당한 것으로 들리기 시작하는 게 모두 너무 빨리 이루어져서 우리는 그 일을 다시 반복하게 된다. 이것이 중독, 죄의식, 정당화 그리고 더 많은 중독으로 이어지는 악순환이다. 이것은 꼬리를 물고 똬리를 튼 뱀이다.

모든 중독, 자기나 타인에 대한 모든 학대에는 공통점이 하나 있다. 그것은 모두 당신 자신에 대한 불안정감이 만들어 낸 것이라는 점이다. 그것들 모두가 당신 자신에 대한 사랑의 결핍을 외부 탓으로 돌리려는 방식이다.

당신은 자신을 사랑할 수 없고 자신에 대해 사랑하는 방식으로 행동할 수 없으며 자신을 학대한다. 또한 당신은 진정으로 다른 사람을 사랑할 수 없으며 그들과 그들 곁에 있는 자신을 학대한다. 모든 학대, 모든 중독은 가장 먼저 자기중심적이다. 그것들은 당신이 자신의 필요의 눈으로만 세상을 지각한다는 걸 의미한다. 그것들은 당신의 불안정, 당신의 약한 자아들이 너무 강력해서 당신의 행동을 완전히 통제한다는 걸 의미한다.

학대와 중독행동을 가장 성공적으로 중재하는 방법은 파괴적 행동을 건설적 행동으로 대체하는 것이다. 바꾸어 말하면 '좋은 중독' 으로 '나쁜 중독' 을 대체한다. 알코올 중독자들은 알코올을 AA로 대체하고, 약물 중독자들은 12단계 프로그램으로 약물을 대체한다. 그것은 음식, 성, 다른 형태의 학대에 대해서도 마찬가지다. 학대적 행동은 건설적 행동으로 대체된다. 당신이 중독을 포기하기로 결정했을 때 12단계 프로그램이 그 공허함을 채워 주기 때문에 효과가 있다. 그 프로그램은 당신에게 집중할 어떤 일을 제공하고 당신의 시간과 힘을 쓸 장소를 제공한다.

지지집단이 당신에게 주는 것은 중독을 대체하는 일보다 더 중요한 것이다. 그 집단은 격려하는 환경을 제공하는데 이것은 중독의 먹이인 실망을 피하는 데 중요하다. 이 12단계 프로그램들은 자기학대를 중지시키는 방법에 대한 역할 모델이 된다. 이 프로그램들은 당신을 있는 그대로 고통받고 있는 한 사람으로 수용하며 당신이 완벽해지길 기대하지 않는다. 오히려 그 프로그램들은 당신은 완벽해질 수 없으며 당신은 당신 자신과 자신의 중독을 더 높은 힘에 맡길 수 있다고 강조한다.

당신의 중독을 극복하기 위해서 강해져야만 하는 건 아니다. 당신이 반드시 완벽해져야 하는 것도 아니다. 12단계 프로그램들은 자존감을 배우는 훌륭한 방식이다. 모든 훌륭한 집단이 그렇듯이 12단계 집단들은 매우 강력한 치료다. 만약 당신이 그것들을 그대로 둔다면 그들은 중독과 자기학대보다 더 강력하다. 있는 그대로의 당신을 수용함으로써 그 집단은 당신이 자신을 수용하도록 가르친다. 당신이 될 수 있는 최선의 사람이 되도록 격려함으로써 지지집단은 자기사랑의 긍정적 역할 모델이 된다.

나는 학대받은 아동이었다.
왜 나는 자신을 학대하는가?

우리들 대부분은 정서적으로 학대받은 적이 있다. 우리들 중 너무 많은 사람이 신체적 학대나 성적 학대를 받았었다. 우리는 다른 사람에 의해 학대받았기 때문에 우리 자신을 학대하지 않으려고 학대 방식에서 벗어난다고 생각할 수도 있다. 실제로는 그 반대의 일이 일어난다. 학대받은 아동들은 학대하는 어른으로 자라는 경향이 있다. 이것은 우리의 훈련이 얼마나 강력한지를 보여 주는 좋은 예이다. 우리는 자신에게 가치를 두지 않고 자신의 요구를 보살피지 않도록 배웠다. 우리는 우리가 받은 초기훈련에 충실한 학생이며 우리를 위해 쓰여진 그 스크립트를 따르는 경향이 있다. 이 스크립트는 우리는 좋은 대우를 받을 가치가 없으며 우리는 나쁘고, 따라서 처벌받아야 한다고 말한다. 초기에 경험한 학대는 우리로 하여금 타고난 선에 대한 기본적인 통합과 인식을 하지 못하게 만든다. 우리가 경험한 초기의 학대는 두려워할 만한 사악한 면을 우리가 갖고 있다고 가르친다. 학대는 우리 자신을 믿지 않도록 가르치고 우리가 안전하고 사랑받을 가치가 없다고 가르친다. 학대는 우리의 정신을 죽이고 우리의 모험 경향을 멈추게 한다. 우리는 자신의 감정을 억압하고 우리의 요구를 다른 사람들이 충족시키도록 조종하는 걸 배운다. 학대는 끔찍한 선생이다. 학대 스크립트각본는 위험한 악순환을 만드는 패-패lose-lose상황이다. 그 선생은 거부될 수 있으며 그 스크립트는 버릴 수 있다. 이 상황이 희망이 없는 상황이 되어야만 하는 건 아니다.

이 악순환을 벗어나는 방법은 당신이 그 스크립트를 쓴 게 아니며 당신은 그 스크립트대로 살아야 하는 게 아님을 깨닫기 시작하는 것이다. 초기에 받은 훈련에 대해 당신은 책임이 없다. 당신이 학대받은 것은 당신 잘못이 아니다. 당신은 학대받을 만하지 않았다. 당신은 학대를 통제할 수 없었다. 당신은 완전히 결백하다. 당신이 얼마나 까다로운 아이였는지와 관계없이 당신은 학대받을 만하지 않았다. 학대받을 만한 사람이란 없다. 누가 잘못했는가에 대한 의문은 있을 수 없다—당신을 학대한 사람이 잘못했다. 전적으로 그 사람 잘못이다. 당신은 희생자이며, 부끄러워하거나 숨길 것이 없음을 받아들여야 한다. 당신 잘못이 아닌 일이기 때문에 당신 자신을 용서하는 일은 필요 없다. 모든 죄의식을 벗어버리라. 죄의식은 당신 것이 아니다. 당신이 진정으로 믿을 때까지 여러 번 말하라. "그건 내 잘못이 아니었어."라고.

그 스크립트를 벗어나는 두 번째 단계는 당신이 좋은 사람이라는 걸 인정하는 것이다. 당신 자신에게 한 일이나 당신이 겪은 일이 무엇이든 당신은 좋은 사람이다. 이러한 선함goodness은 타고난다. 그것은 당신과 함께 이 세상에 왔고, 당신이 선함을 부정하고 선함에 반하는 행동을 계속하지 않는다면 당신과 함께 남아 있을 것이다. 당신이 이 말을 진실이라고 느낄 수 있을 때까지 당신 자신에게 "나는 선하다."라고 여러 번 말하라. 그것을 믿을 때 당신은 본능적으로 알게 될 것이다. 당신은 자신의 선함을 깨닫게 될 것이고 이것은 강력한 깨달음이 된다.

당신이 이 두 단계를 완수했을 때 당신 자신을 치유할 준비가 될 것이다. 이러한 치유과정은 종종 학대를 한 가해자에 대한 분노와 함께 시작된다. 이 분노는 건강하며 피할 수 없다. 당신은 화가 나게 된다. 전문적인 도움이 필요하게 된다. 당신은 이 분노를 당신으로부터 먼 바깥으로 돌릴 필요가 있다. 그러나 이 분노를 가해자에게 직접 행동할 필요는 없다. 당신은 이 분노를 학대 행동으로 바꾸거나 또는 당신의 부정적 스크립트로 곧장 돌아갈 필요가 없다. 분노 뒤에 용서가 생긴다. 당신을 학대한 사람도 파괴적인 스크립트를 따르고 있었다는 이해가 생긴다. 용서와 함께 분노를 놓아 주게 된다.

마지막 단계는 스크립트로부터 자유로워지는 것이다. 당신은 당신의 삶에 책임이 있다. 당신은 당신 자신의 행동에 책임이 있다. 만약 당신 자신이나 다른 사람을 학대하는 일을 계속한다면, 이제 그것은 당신의 잘못이다. 왜냐하면 당신은 이제 다른 선택이 있다는 걸 알기 때문이다.

지금까지 당신은 당신이 만든 것이 아닌 하나의 패턴에 붙잡혀 있었을 수 있다. 이제 당신은 다르게 알고 당신은 자유롭게 당신 자신의 선택을 할 수 있다. 당신 자신을 학대할 좋은 핑계는 항상 있다. 하지만 당신 자신을 처벌하거나 파괴적이 될 필요는 전혀 없다. 당신은 당신 자신을 사랑하고, 당신의 사악한 면을 받아들이고 실수한 것에 대해 자신을 용서하고, 당신의 고통스러운 과거를 떠나보내고 당신의 최고의 능력을 가지고 삶을 사는 일을 계속할 수 있다. 만약 당신 자신을 미워하고 계속해서 파괴적인 방식으로 행동하는 걸 선택한다면, 이제 그것은 당신이 선택한 것이고 잘못된 훈련의 결과가 아니라는 걸 인정하라. 당신의 내 안의 아이는 이제 당신의 희생자이다. 이 아이는 사랑받을 자격이 있고 좋은 대우를 받을 자격이 있으며 안전해질 자격이 있다. 당신의 과거를 보상할 유일한 사람은 당신이다. 당신이 당신의 삶에 대해 가져야 할 더 좋은 목표는 무엇일까?

나는 열심히 하는데 제대로 되는 게 없다. 뭐가 잘못됐을까?

이 질문은 과잉 성취자, 강박적 유형의 사람들, 완벽주의자들이 종종 묻는 질문이다. 그들은 강박적으로 실행하면서 왜 그렇게 피곤하고 통제하지 못한다고 느끼는지 그 이유를 이해할 수 없다. 우리가 이런 식으로 느낄 때는 "무엇을 위해서 우리는 이 모든 것을 하고 있는가?"라고 물을 필요가 있다. 대부분 그 답은 다른 사람들, 외적 보상, 자아를 위해서이다. 실행하기doing는 서구 모델이 강조하는 것이다. 실행하기는 존재하기가 아니다. 그 둘은 완전히 별개의 것이다. 실행하기는 존재하기와 같지 않고, 더 빨리 실행하는 것이 존재하기를 가져오지도 않는다.

존재모델은 실행을 조건으로 하지 않는다. 다행히도 우리가 자존감을 배울 수 있게 도울 수 있는 일들이 있다. 우리는 우리 자신을 사랑한다고 말할 수 있고, 선택할 수 있고 우리 자신을 보상할 수 있다. 이런 것들은 실행 활동들이다. 그것들은 우리가 존재하도록 돕지만 그것들 자체가 존재는 아니다. 기억하라, 좋은 일을 해야만 하는 건 아니다. 우리 자신을 지금 있는 그대로 수용하는 것은 어떤 일을 수행하기가 아니다—존재하기이다. 우리의 중심center을 인식하려면 활동을 중단해야 한다. 그것은 어떤 일을 실행하는 것의 반대 행동이다.

실행하기와 존재하기 사이의 이러한 차이는 가장 알기 어려운 개념 중 하나이다. 우리는 실행하고, 활동을 강조하며, 성취하고, 생산적이 되도록 훈련받아 왔다. 우리는 능동적인 행동에 가치를 두고 수동적인 행동에는 가치를 두지 않도록 배워 왔다. 종종 우리는 수동적 행동을 '게으르거나' '굼뜬' 것으로 부른다. 활동은 통제되고, 생산적인 것으로 보이며, 우리의 윤리적 작업은 이런 활동에 가치를 둔다. 불행하게도 우리는 능동적 행동을 하는 것으로는 자존감과 존재방식을 배울 수 없다. 우리는 자존감을 실행할 수 없다—우리는 자존감을 가지고 존재해야 한다.

모순된 개념이 여기에 도움이 된다. 만약 당신이 어떤 것을 원하면, 당신은 그것을 내버려 두어야만 한다. 더 많이 얻기 위해서 행동을 덜 하라. 가장 빠른 성과를 만들려는 속도를 늦추라. 실행의 문제는 결과를 강요하는 경향이다. 그것은 곧 다시 서구 모델인 목표지향적이 되게 한다. 빨리 하기는 미래지향적이 된다. 그리고 당신을 그 순간과 자신에게서 벗어나게 한다.

만약 당신이 너무 많이 실행하고, 일을 너무 열심히 하고 항상 피곤을 느낀다면 멈추라. 바로 멈추라. 이완하고, 심호흡을 세 번 하고 속도를 늦추라. 자신에게 초점을 다시 맞추라. 당신 자신을 최우선 순위에 두라. 더 많이 자고, 명상하고, 이완훈련을 하고 앉아 있으라. 당신이 자신을 위한 시간을 더 갖는다 해도 세상은 무너지지 않을 것이다. 당신은 당신의 우선순위를 다시 설정해야만 하고, 당신 삶에 더 적은 돈과 더 많은 균형이 자리 잡게 해야 하며 일부 외적인 보상들은 포기해야 할 것이다. 그것은 당신의 삶이고 당신의 선택이다. 만약 당신이 삶을 질주하고 있다면, 너무 지쳐서 어떤 것을 즐길 수 없다면, 당신은 어떤 것을 포기할 것인가?

또 다른 재미있는 모순은 더 침착할 때 더 많이 성취할 수 있고, 쉴 때 자신을 더 많이 통제한다고 느끼며, 그 순간을 살 때 인생은 더 재미있다는 것이다. 존재하기는 아무것도 하지 않는 걸 의미하는 게 아니다. 그것은 가장 가까운 동굴이나 산 정상에 칩거하는 걸 의미하지 않는다. 존재하기는 할 일을 선택하고 그 일을 잘하는 걸 의미한다. 그것은 우리 자신을 돌보며 휴식하고 에너지를 충전할 '정신건강 시간' 을 갖는 걸 의미하고, 우리 에너지를 우리 자신의 요구를 충족시키는 데 쓰는 걸 의미한다. 이것은 다른 사람들에게 쓸 수 있는 더 많은 에너지를 만든다. 우리는 우리가 하고 싶은 일과 하고 싶지 않은 일 둘 다를 한다. 그리고 우리가 그 일들을 왜 하는지를 안다. 존재하기는 덫에 빠졌다고 느끼지 않는 걸 의미하며 삶이 '소모적인 경제활동' 이 아니라는 걸 의미하며 우리가 언제든 우리 자신의 요구를 채울 시간을 찾을 수 있음을 의미한다.

내가 놓친 것은 무엇인가?

우리는 무언가 잘되지 않는다는 걸 깨달을 때—허무하고, 불완전하고, 불안하고, 충족되지 않는다고 느낄 때 이 질문을 한다. 서구의 실행모델 우리가 받은 훈련이 충분하지 않음을 깨닫기 전에 이 질문을 한다. 이 질문은 종종 우리가 고통스럽고, 혼란스러우며, 무엇을 할지 모른다는 것을 뜻한다. 우리는 변화하고 성장할 준비가 되어 있다.

삶은 힘들고 고통스럽고 문제로 가득 차 있다. 우리는 고통과 문제 가운데서 살아가는 능력을 가지고 있으며, 평화와 기쁨, 소속감을 느끼는 능력을 가지고 있다. 우리가 중심에 있고, 자존감을 가질 때 인생을 이루고 있는 수많은 작은 기적들을 볼 수 있다. 우리가 약한 자아를 가지고 살 때는 고통만을 느끼고 문제에 압도당하게 된다. 우리는 수용하고, 사랑을 느끼고, 할 수 있는 최선을 다할 권리와 선택을 갖는다. 그러나 인생외적인 것들이 이러한 권리를 줄 거라 기대할 수는 없다. 우리는 잃어버린 것을 이루기 위해서 자신을 위해 스스로 노력해야만 한다.

우리들 대부분은 우리가 통제할 수 없거나 변화시킬 수 없는 일들—외적인 것들, 문제들, 고통—에 초점을 두는 경향이 있다. 우리는 통제할 수 있고 변화시킬 수 있는 것에 새로이 초점을 두는 걸 배울 필요가 있다. 삶의 기쁨을 잃었다고 느낄 때 우리는 보통 원망과 상처를 느끼며 우리의 요구를 충족시키기 위해서 바깥쪽을 보기 쉽다.

당신이 할 수 있는 것에 초점을 두고 다른 사람들이 당신을 위해 해주었으면 하는 요구를 버리는 걸 배우라. 당신이 중요한 걸 놓치고 있음을 받아들이는 것으로 시작하라. 당신의 능력을 당신 자신을 돌보는 데 집중하라. 문제에 초점을 두는 대신에 당신의 문제해결능력에 새로이 초점을 두라. 당신은 숙달된 문제해결자이다. 당신의 과거는 당신이 해결해 온 많은 문제들로 이루어져 있다. 당신은 어떻게 해서든지 문제를 해결할 것이다. 어떻게 문제를 해결하고 싶은지 선택하고 당신이 할 수 있는 최선을 다하라. 원하는 것을 얻지 못했더라도 당신이 한 노력에 대해 자신에게 상을 주라. 삶의 고통이 아니라 이 고통이 당신에게 가르쳐준 것에 초점을 맞추라. 고통이 삶의 일부분이며 그것이 많은 목적에 봉사하고 있음을 기억하라. 고통은 변화의 문을 열어 주고, 당신의 자존감에 도전하며, 당신 자신에 대한 더 큰 인식을 가져온다. 만약 당신이 이 교훈에 마음을 열기만 한다면 고통은 위대한 스승이다.

무엇인가를 놓치고 있다고 느낄 때, 당신 자신에게 자신의 요구를 충족시킬 수 있는지를 물으라. 만약 당신이 사랑받는다고 느끼지 않으면, 당신 자신을 사랑하는 데 초점을 두라. 만약 당신이 인정받거나 보상받지 못한다면, 당신 자신을 인정하고 보상하라. 만약 당신이 집중하고 있지 않고 평화롭지 않다고 느낀다면, 현재 당신이 있는 위치를 받아들이고, 속력을 늦추고, 자신을 돌보고 사랑하기 시작하라. 다른 사람들이 당신을 위해 해 주길 바라는 일을 당신 자신에게 하라. 다른 사람에게서 듣고 싶은 말을 당신 자신에게 하라. 행복하고 만족스러워지는 것에 집중하는 걸 멈추고 인식하는 일에 새로이 초점을 두라. 어떤 것이 하고 싶어 죽을 지경일 때는 종종 그것을 당신 자신에게서 멀리 떼어 놓으라. 당신이 있는 곳, 당신이 가진 것을 받아들일 때 종종 모순이 일어나고, 당신은 원하는 걸 갖게 된다.

당신은 지금 현재의 당신 자신을 돌보는 데 필요한 모든 것을 가지고 있다. 만약 당신이 자신에 대한 느낌을 다루는 어떤 것을 놓치고 있다면, 당신은 필요한 것을 바꾸고 그것을 얻을 수 있다. 만약 당신이 다른 사람이나 외적인 것에 의해서 통제되는 어떤 것을 놓치고 있다면, 당신은 초점을 당신이 통제할 수 있는 것에 두도록 바꿀 필요가 있다. 궁극적으로, 외적인 것에서는 실제로 당신이 원하는 것을 얻을 수 없다. 당신 자신을 충족시키라. 그러면 당신은 삶의 어떤 부분도 놓치고 있다는 느낌이 안 들 것이다.

왜 나는 어느 곳에도 존재하지 않는다고 느끼는가?

상호 종속적이고, 만성적으로 우울하고, 불안정해지도록 배우거나 혹은 모든 에너지를 외적인 것에 집중해 온 사람은 환경과의 관계 안에서 자신을 인식하지 않고 수년 동안을 보내 왔다. 이런 사람들에게 어떤 것의 한 부분이라고 느끼지 못하는 것, 어느 곳에 소속된다고 느끼지 못하는 것, 그리고 사실 그들이 간신히 존재한다고만 느끼는 것은 익숙한 증상이다. 자신을 돌보는 것, 자신을 첫 번째에 놓는 것을 거부하고, 우리가 원하는 것과 우리가 있는 곳을 알기를 거부함으로써 우리들은 사실상 우리 자신을 '중요하지 않은' 사람으로 취급하고 있다. 어느 곳에도 존재하지 않는다는 느낌은 우리가 우리 자존감에게 한 일에 대한 정확한 반영이다. 이 세상에서 우리 자신에게 초점을 두고 인식하지 않음으로써 우리는 우리의 중심과 세상에 대한 인식을 쉽게 놓칠 수 있다.

현재 진행되는 것을 마지못해 하며 그것과 연결되거나 그것의 진정한 부분이라고 느끼지 않는 건 무서운 느낌이다. 지금 말하고 있는 것은 심리적으로 길을 잃은 상태로 생각할 수 있다. 그 해결책은 당신이 물리적으로 길을 잃었을 때 하는 일과 비슷하다. 당신은 도움을 청하고, 어떤 사람에게 당신을 익숙한 지역으로 안내해 달라고 요청하며, 당신이 따를 수 있는 지시를 받는다. 그 다음에 당신은 행동한다. 길을 잃은 곳을 떠나서 당신이 아는 곳으로 간다. 심리적으로 길을 잃은 상황에서는 당신이 모를 수도 있는 장소인 당신 자신의 중심으로 가야 한다. 이런 경우에는 익숙한 환경을 찾는 것만으로는 당신 자신을 찾을 수 없다. 종종 그것이 바로 당신을 과거—당신이 길을 잃었다고 느끼기 전에 있던 곳—속에 살게 만드는 이유이다. 또는 당신은 길을 잃었다고 느끼기 바로 전의 익숙한 장소로 돌아가려고 할 수도 있다. 당신은 과거로 돌아갈 수 없고 당신은 과거를 재창조할 수도 없다. 만약 당신이 익숙한 곳으로 돌아가는 데 성공한다 해도, 당신은 그곳이 바뀌었으며 길을 잃었다는 당신의 느낌을 치유할 수 없다는 걸 곧 발견할 것이다. 단 하나의 치유가 있고 그것은 당신 자신 안에서 당신 자신을 발견하는 일이다.

모든 길은 중심으로 향한다. 그리고 이 중심은 당신이 있는 곳이면 어느 곳에서나 발견될 수 있다. 그리고 일단 당신의 중심을 발견하기만 하면 당신은 다시 심리적으로 길을 잃는 것을 전혀 두려워하지 않게 될 것이다. 당신이 어디에 있는지 소속감을 느낄 수 있음을 알게 될 것이다.

왜냐하면 당신은 그것을 당신 자신 안에서 느낄 수 있기 때문이다. 자존감을 발달시키기 위해 만들어진 단계들을 따라해 보라. 내적인 것에 초점을 두라. 당황하지 말고 천천히 진행하라. 실제의 당신이 누구이며 어떤 사람인지를 발견하는 과정에 곧 익숙해지는 걸 느낄 것이다. 자존감을 많이 연습할수록, 당신 자신에게 안정감을 더 느끼게 된다. 당신이 느끼는 일에 더 집중할수록, 당신이 이 세상에서의 존재가 되리라는 걸 더 많이 인식할 것이다. 당신은 항상 당신이 어디에 있는지를 알기 시작할 것이고, 심지어 익숙하지 않은 환경에도 소속감을 느끼게 될 것이다. 당신의 내적 자기는 당신의 익숙하고 안락한 '집' 이 될 것이다.

왜 나는 때때로 죽고 싶은가?

우리들 대부분은 언젠가 우리의 고통과 삶의 현실로부터 회피하는 방법으로 죽음에 대해 생각해 보았었다. 자신에 대한 통제를 잃었다고 느낄 때 또는 통제를 포기했을 때우울 우리는 죽고 싶다. 때때로 우리를 화나게 한 사람을 벌주기 위해서 또는 다른 사람에게 고통을 주기 위해서복수 죽고 싶다고 생각할 수도 있다. 때때로 부정적인 감정들이 우리를 압도하고 모든 것이 희망이 없다고 느껴지며, 부정적인 상태에서 벗어나는 길을 알 수 없고 죽음만이 탈출이라고 생각한다. 죽고 싶다는 건 결국 단념한 것이다. 그것은 자신을 사랑하는 일과 정반대이다.

때때로 죽음은 쉬운 해결책처럼 느껴진다. 만약 그렇게 느껴진다면 아마도 그럴 것이다—쉬운 해결책이다. 쉬운 길을 택하는 건 용기가 필요 없다. 용기는 우리가 이해하지 못할 때나 이해하고 싶지 않을 때에도 어려운 길을 택하는 걸 의미한다. 영웅의 과제는 고통이 있음을 받아들이고, 그 고통을 바꿀 수 없음을 받아들이고, 어떻든 간에 최선을 다하는 것이다.

죽고 싶다는 건 종종 당신의 통제 안에 없는 어떤 것을 통제하고 싶다는 걸 의미한다. 우리는 우리 삶의 목적을 모르며 우리가 왜 여기에 있는지도 모른다. 우리는 우리 삶이 다른 사람에게 어떻게 영향을 주고 다른 사람의 삶과 상호작용할지를 알 수 없다. 그리고 우리는 큰 그림을 인식할 수 없다. 죽을 시간이 되기 전에 죽는 건 지름길을 취하는 것일 수 있다. 지름길은 우리가 자주 길을 잃게 만들고 원래의 길을 갔을 때보다 더 오래 걸리게 만든다. 자살은 모든 것 가운데서 가장 위험한 도박일 수 있다. 왜냐하면 그다음 단계가 무엇인지 모르기 때문이다. 죽음은 끝이긴 하지만 고통의 끝일까? 우리가 가는 곳이 어디든 우리 자신과 함께 가고, 해결하지 못한 문제를 갖고 있는 것과 마찬가지로, 우리가 우리를 죽게 했을 때 부정적인 상태와 고통을 갖게 될 수도 있다.

죽고 싶은 것 그리고 우리 삶의 에너지를 죽는 일에 집중하는 건 우리의 힘과 통제 밖에 있는 것들에 대해 영향력과 통제력을 갖고 있다고 착각하게 만든다. 우리는 착각이 우리가 삶을 경험하는 것을 방해한다는 걸 안다. 삶의 탈출로서 죽음을 바라는 건 외적인 것에 집중하는 또 다른 방식이다.

우리가 죽음을 통제하려 하지 않을 때 죽음은 부정적이지 않다. 죽음은 삶의 자연스러운 과정의 한 부분이며, 그러한 죽음을 준비하는 건 지금 우리의 삶을 가장 충만하게 사는 걸 뜻한다. 어떤 면에서 삶의 모든 것은 죽음에 대한 리허설로 생각될 수 있다. 만약 우리가 좋은 삶, 즉 사랑하고 격려하고 향상되는 삶을 살고 있다면, 죽음이 왔을 때 그 죽음이 어려운 결정이 되지는 않을 것이다. 여기에서의 모순은 우리가 능력을 다해 삶을 살수록 우리 각자는 더 영웅 같아지고 죽음을 덜 두려워하게 될 것이라는 점이다. 이 삶에서 힘과 용기를 발달시키는 건 우리가 죽을 때도 같은 용기와 힘을 가지게 되는 것을 의미한다. 현재 우리 삶의 고통을 받아들일 때 우리는 미래에 일어날 것이 무엇이든 받아들일 준비가 된다. 우리는 이 생에서 우리가 갖는 목적을 알 수 없으므로 일어날 수 있는 모든 사태들에 대한 준비를 하는 게 어떤가?

만약 당신이 진정으로 포기하고 쉬운 해결방법을 택하기로 생각한다면 용기를 갖도록 하라. 그것은 저쪽에 있고 당신은 당신이 있을 수 있는 가장 좋은 장소에서 죽을 가치가 있다. 당신은 품위 있고 우아하게, 그리고 무명인의 두려움을 갖지 않고 죽을 가치가 있다. 만약 당신이 갖고 있는 통제에 대한 착각을 버린다면 당신은 이것만은 할 수 있다. 진정한 용기는 분명하지 않고 두렵고 전체에 대한 이해가 안 돼도 어떻게 해서든 실행하고 사는 것을 의미한다. 당신은 영웅적인 과제—당신의 인생—에 직면하고 있으며, 당신은 이 인생을 당신과 함께 헤쳐 나갈 유일한 사람—당신 자신—에게 영웅이 될 수 있다.

도움을 청할 때 왜 나는 그렇게 약하다고 느끼는 걸까?

우리 시대의 커다란 모순 중 하나는 강한 것처럼 보이는 것이 실제로는 약하고, 약한 것처럼 보이는 것이 실제로는 강하다는 점이다. 이것은 특히 도움을 구할 때 정말로 그렇다. 우리는 모르고, 겁이 나며, 길을 잃었다는 걸 인정하는 데 많은 용기가 필요하다. 우리는 무엇이든 알아야만 하고, 두려워하는 건 잘못된 거라고 믿도록 훈련받았다. 우리는 감정을 드러내는 건 약한 것이라고 배웠다. "남자는 울지 않는다, 여자는 화를 내지 않는다, 아이들은 보살펴야 하고 아이들 말을 들어선 안 된다." 우리는 강하고, 자신을 통제하고, 무적無敵이어야 한다. 우리는 우리의 인간성 이상으로 초월해야 한다. 왜일까? 이 물음에 대한 모든 답은 약한 자아에서 찾아진다. 우리는 다른 사람들에게 좋게 보이고 싶다. 우리는 우리가 아닌 어떤 것으로 보이고 싶다. 우리는 세상을 속이고 싶다. 문제는 세상을 속이는 데 있으며 우리는 우리 자신을 속인다. 우리는 우리가 누구이고 진정으로 원하는 게 무엇인지 놓쳤다. 있는 그대로의 사람이 되는 것, 우리가 느끼는 걸 느끼는 것, 때때로 약해지는 걸 두려워하지 않는 것은 대단히 간단한 일이다. 모순되게도 우리가 우리의 약점을 인정할 때 우린 강점을 보이고 있으며, 우리가 약점을 부인할 때 우린 약점을 보여 주고 있는 것이다.

아무도 완벽해질 수는 없다—누구나 때때로 도움이 필요하다. 이것을 인정하지 않는 건 위험한 착각이다. 우리가 결국은 혼자이며 우리 자신을 변화시키는 책임을 져야만 한다는 건 착각은 아니지만 때로는 고통스러운 현실이다. 그러나 우리는 길을 잘 가도록 돕고, 지지해 주고, 중심으로 가는 길에 머물도록 가끔 우릴 격려해 줄 안내자가 필요하다. 우리가 이 일을 혼자서 할 수 없는 때를 아는 게 약점은 아니다. 도움을 청하는 게 약점은 아니다. 우리를 도와주는 사람들을 교통순경으로 생각하면 도움이 된다. 그들은 우리에게 가는 방법, 멈춰야 할 때, 안전운행할 때를 알려 준다. 그러나 우리가 가려는 곳에 우리를 데려다 주지는 않는다. 그들은 우리가 잘못된 길로 가는 걸 피하도록 돕고 우리가 길을 잃었을 때 방향을 가르쳐 준다.

만약 당신이 어떤 도움이 필요하다고 느끼지만 도움을 청할 때 약하게 보일까 봐 두렵다면, 당신을 약하다고 낙인찍을 사람을 생각하라. 만약 당신에 대한 치료자의 생각을 걱정하고 있다면 다시 생각하라. 모든 치료자들은 내담자가 필요하다. 내담자들은 치료자에게 일할 이유를 제공해 주며 치료자 자신의 강점의 주요 부분이 된다. 내담자를 돕는 일은 치료자를 돕게 된다. 모든 내담자가 치료자에게 무언가를 가르쳐 준다. 당신이 만약 당신에 대한 다른 사람들의 생각을 염려한다면, 그가 누구든 그 사람이 갖게 되는 생각이나 감정을 당신이 통제할 수는 없으며 오직 당신 자신만 통제할 수 있음을 기억하라. 다른 사람은 그들이 원하는 걸 생각할 수 있다. 그러나 당신을 위해 당신의 삶을 살아 줄 수는 없다. 당신은 당신 자신을 돌봐야 하며 다른 사람은 그들 자신을 돌보게 내버려 두라. 만약 당신이 도움을 청할 때 약하게 느껴지는 걸 걱정한다면 이 감정을 약한 자아와의 싸움의 시작으로 환영하라. 당신이 약하다고 느끼는 걸 인정하라. 하지만 어떻든 도움을 청하라. 만약 당신이 약하다고 느끼고 어떻게든 그것을 해낸다면 당신은 용감해진 것이다. 영웅은 항상 강하다고 느끼지 않는다. 커다란 용기의 순간에는 보통 부적절감과 약한 감정이 같이 있다. 그리고 기억하라. 약함은 감정이 아니다. 그것은 당신이 배운 마음의 상태이고 당신에게 그것을 가르쳐 준 모델이 약한 모델이다. 그 모델은 불완전하며 삶을 다루기 위한 균형, 자존감, 또는 긍정적인 방법을 만들지 않는다는 점에서 약하다.

왜 나는 다른 사람들과 많이 다르다고 느끼는 걸까?

서구 모델인 실행모델은 우리에게 경쟁적이 되라고 가르쳐 왔다. 우리가 받은 양육과 훈련은 우리 자신과 다른 사람들 사이의 차이를 강조하도록 우리를 가르쳐 왔다. 우리는 다른 사람의 역할, 외모, 지위, 돈, 옷, 교육—모두 외적인 조건들—을 우리와 대조해 보라고 배웠다. 우리가 이 모델을 삶에 사용할 때, 우리는 어느 누구든 판단하는 눈으로 보게 된다. 그리고 판단하는 눈은 오직 우리 자신과 다른 사람 간의 차이에만 주목한다. 우리가 오랫동안 이런 식으로 세상을 인식할 때, 우리는 자신과 다른 사람 간의 유사점을 보지 못하며 우리가 공유하고 있는 공통적인 배경을 볼 수 없다. 유사점보다 차이점을 강조하는 건 소속감을 잃는 확실한 방식이다. 그리고 소속감이 없으면 우리는 진짜 길을 잃고 혼자가 되며 비참해진다.

다른 사람들이 우리에 대해 좋아하는 점, 그리고 그들과 우리를 연관시키는 점은 우리의 개인적 독특성—다른 사람과의 차이—이 아니라 우리가 갖고 있는 그들과의 유사점이라는 게 큰 모순이다. 인간인 우리는 다른 사람과 감정, 반응, 이해와 공감능력을 공유한다. 우리의 친밀은 이러한 공유된 인식에서 나온다. 우리는 같은 자극에 대해 다른 사람이 하는 것과 같은 방식으로 행동하지 않을 수도 있다. 그러나 우리는 감정의 유사함을 인정한다.

우리는 행동방식에서는 각자 독특하지만 느끼는 방식에서는 유사하다. 우리 모두는 고통에 대한 자신만의 이유가 있기는 하지만 고통을 알고 있다. 우리가 다른 사람의 고통이 당연함을 인정하지 못할 때 우린 다른 사람과 다르다고 느낀다. 자기중심적이 된 결과로 우리는 다른 사람의 중요성을 부정하고, 무시하고, 실패한다. 우리 자신을 다른 사람들과 다르다고 인식하는 것은 우리 모두가 공유하고 있는 인간성을 관련시키는 일이 불가능해짐을 의미한다. 그것은 이 미친 세상을 의미 있게 만들고 영웅이 되기 위해 모두 투쟁하고 있다는 걸 우리가 볼 수 없게 된다는 것을 의미한다. 다른 사람과 다르다고 느끼는 일과 이러한 차이에 초점을 두는 일은 고독을 가져온다.

우리들 대부분은 고독할 때 고독을 쫓아 버리기 위해서 다른 사람에게 눈을 돌린다. 우리는 우리를 고치기 위해 다른 사람이 필요하며 이것이 자기중심성 정의의 하나다. 우리는 다른 사람이 필요하지만 그들이 갖고 있는 차이점 때문에 가치 있게 보지 않는다. 우리는 고독한 여행을 한다—우리는 "나는 당신이 필요해요. 하지만 당신은 나와 다르기 때문에 나를 도울 수 없어요. 그리고 당신은 내가 했던 일을 하지 않았기 때문에 아마도 나를 이해할 수 없을 거예요."라고 말한다. 당신의 독특성은 당신의 경험에서 온다—어느 누구도 당신이 겪어 온 일을 정확히 겪을 수는 없다. 그리고 어느 누구라도 당신이 했던 대로 행동하지 않았다. 그러므로 어느 한 수준에서 당신은 모든 사람과 다르다. 그러나 더 높은 다른 수준에서는 당신의 취약성과 감정을 다른 사람과 공유한다. 이것이 유사하게 되는 일—당신의 인간성을 공유하기—이 의미하는 바다.

집단치료는 매우 강력하다. 왜냐하면 그것은 우리가 우리의 유사성을 빨리 보고 공유하도록 해 주기 때문이다. 우리에게 감정을 느끼게 만드는 것은 다를 수 있다. 그러나 그것이 만들어 낸 감정은 공유할 수 있다. 예를 들어, 아무도 나의 남편을 가지지 못한다. 그러나 내가 남편에게 느끼는 분노는 누구나 공유할 수 있다. 왜냐하면 누구나 가족에 대한 분노 감정이 비슷하기 때문이다. 어느 누구도 내가 오늘 한 것과 똑같은 실수를 하지 않는다. 그러나 누구나 실수할 때의 감정을 공유할 수 있다. 우리는 절망과 격려의 필요성을 공감할 수 있다. 우리는 최고가 되려는 노력에서 겪은 좌절을 공유할 수 있다.

우리는 선하고 최선을 다할 필요가 있다는 점에서 유사하다. 우리는 돌보고 '좋은 일을 하길' 바란다는 점에서, 그리고 이것을 하는 방법을 항상 알고 있는 건 아니라는 점에서 유사하다. 우리는 좌절과 혼란과 노력에서 유사하다. 이런 유사성을 인정하는 일은 소속감을 만들어 주어 우리로 하여금 자존 과정을 경험하게 한다. 소속감, 유사성의 인정, 다른 사람과 관계 갖기를 바라는 것들이 사회적 관심을 개발하는 이유가 된다. 이 개념은 이 책의 다음 부분에서 설명될 것이다.

IV

대인관계 이슈

사회적 관심이란 무엇인가?

사회적 관심social interest은 Alfred Adler가 만든 개념이다. 그것은 기본적으로 우리가 다른 사람과 관련되는 방식을 의미한다. 사회적 관심은 우리가 자신과 갖는 관계인 자존감에 따라온다. 사회적 관심은 자존감에서 자연스럽게 흘러나온다. 왜냐하면 다른 사람과 연결되고 관계를 갖는 게 인간의 요구이기 때문이다. 이 책에서 이 부분은 자존감 발달을 다룬 이전 부분을 신중하게 따른다. 이런 순서는 불가피하다. 왜냐하면 먼저 자존감을 배우고 다음에 대인관계 이슈에 초점을 두는 게 중요하기 때문이다. 서구 모델은 우리에게 먼저 자신을 사랑하라고 가르치지 않는다. 바로 다른 사람을 사랑하는 걸로 건너뛴다. 그러나 우리 자신을 사랑하는 방법을 모르면 어떤 사람도 사랑할 수 없다. 그리고 우리가 사랑받을 가치가 있다는 걸 깨닫지 못하면 우리는 다른 사람의 사랑을 받아들일 수 없다. 일단 우리 자신을 사랑하고 우리가 사랑받을 가치가 있다는 걸 인정하게 되면, 사회적 관심을 실천하는 건 자연스럽게 나타난다. 우리는 단지 우리 자신에게 하도록 배운 것을 다른 사람에게 하면 된다. 우리는 필요할 때 수용하고, 지지하고, 격려하고, 용서하고, 판단을 멈추고 놓아 주면 된다. 우리가 이 일을 우리 자신에게 쉽게 하기 전까지는 그중 어느 것도 다른 사람에게 해 줄 수 없다.

사회적 관심—타인과의 건강한 관계—을 갖기 위해서 우리는 자신의 요구를 먼저 해결해야 한다. 좋은 관계, '순수한' 관계는 요구와 착각과 기대로 이루어질 수 없다. 사회적 관심은 다른 사람을 통해서 우리의 요구를 충족시키는 것이 아니며, 의존과 통제 문제에 대한 것도 아니다. 사회적 관심은 다른 사람들에게 관심을 갖고 그들이 처한 입장을 수용하며 격려하는 것에 대한 것이다. 그것은 있는 그대로 다른 사람을 돌보기, 공유하기, 지지하기, 이해하기를 의미하며 그들을 방해하고 변화시키려 하는 걸 의미하지 않는다.

다른 사람과 관계를 갖는 건 대단히 큰 도전이다. 관계는 또한 가장 큰 기쁨 중 하나다. 우리들 대부분은 자존감을 배우고 그다음에 수행자가 되는 걸 선택하지 않는다. 우리는 자존감을 갖고 다른 사람과 사는 걸 선호한다. 이것은 종종 매우 어려운 과제처럼 보인다. 왜냐하면 우리는 다음에 나오는 질문에 대한 답을 배워야만 하기 때문이다. 우리 자신을 돌보아야 할 때는 언제이고 다른 사람을 돌보아야 할 때는 언제인가? 자원이 고갈되지 않으면서 어떻게 우리 자신을 다른 사람에게 주는가? 다른 사람에게 의존하지 않으면서 어떻게 다른 사람에게서 받는가? 건강한 관계란 어떤 것인가? 언제 관계를 견디고 언제 떠나야 하는가? 우리 주위에 있는 사람들이 자존감이 뜻하는 바를 알려고 하지 않거나 모르고 있을 때 어떻게 우리가 자존감을 실천할 수 있는가? 아마 이 어려운 질문들에 대한 답은 뒷장을 넘겨 가면서 찾아질 것이다.

좋은 관계란 무엇인가?

관계에 대해 생각해 볼 수 있는 한 가지 방법은 하나의 연속체를 마음속에 그려 보는 것이다.

자아도취적 (받기)	건강한 (주고받기)	상호 종속적 (주기)

건강한 관계는 이 연속체의 중간 부분에 있는데 양 끝점을 향해 앞뒤로 유연하게 변화하며 움직인다. 좋은 관계란 관계에 있는 사람 누구도 양쪽의 끝점에 도달하지 않는 걸 의미하며, 누구도 한 위치에 오랫동안 머무르지 않는 걸 의미한다. 우리는 자아도취자들이 어떤 모습인지 알

고 있다. 자아도취자들은 다른 사람에게 줄 수는 없지만 다른 사람들이 그들에게 모든 걸 주길 기대하는 사람들이다. 이런 사람들은 자기중심성의 전형이며 보통 자신들을 위해 일하도록 다른 사람들을 조종할 수 있게 되면 자기에게 주어진 일을 하려 하지 않는다. 상호 종속은 정확하게 이와 반대이며 다음 질문에서 설명될 것이다. 이 연속체는 건강한 관계란 지나치게 많이 주는 것과 지나치게 많이 받는 것 사이의 중간에 있음을 보여 준다.

좋은 관계란 또한 자신과 상대방에 대한 상호존중과 친절로 이루어진다. 이것들이 아마도 장기간의 좋은 관계의 가장 중요한 두 가지 특성일 것이다. 이런 특성들은 종종 관계에서 사랑보다 더 중요할 수 있으며 자주 그렇다. 만약 사랑이 존중과 친절을 의미한다면 사랑이 중요하다. 그러나 우리가 실제로 사랑이라고 정의하는 것들은 너무 자주 필요성을 의미하며 우리는 '우리가 사랑하는' 사람들을 존중과 친절로 대하지 않는다. 만약 우리가 사랑이라 하는 것이 실제로 사랑하는 것처럼 가장하는 걸 필요로 한다면, 그것은 좋은 관계를 만들지 못할 것이다. 또한 좋은 관계란 상대방에 대한 신뢰, 수용, 의사소통, 순수하게 좋아함, 그리고 때때로 기꺼이 양보하는 것도 포함한다. 또 상대방을 나와는 분리되어 자신의 요구와 가치와 선택을 갖는 사람으로 인정해야만 한다. 우리 각자에게는 상대방과는 별개인 그리고 관계와도 별개인 일들이 있고 이것은 상대방에게도 마찬가지이다. 좋은 관계란 변하지 않는 친밀함이나 변함없는 공유하기와 동의에 대한 것이 아니다. 이러한 속성들은 빨리 숨이 막히고 지루하게 만들 수 있다.

관계를 갖는 중요한 이유 중 하나는 우리 자신을 성장하고 발달하도록 도전시키기 위한 것이다. 이 성장과 발달은 위협적이고 두려운 환경에서는 일어날 수 없다. 그러므로 좋고 건강한 관계는 이 미친 세상 안에서 안전하고 안정적이며 격려하는 장소를 제공한다. 그곳에서 우리는 가장하지 않고 우리 자신이 될 수 있다. 우리는 감정을 나타내는 것, 실수를 하고 시도하는 것, 실험, 모험하는 것이 허락되며 그런 가운데 양육된다. 지원과 양육 외에 좋은 관계는 자극도 제공하며 때때로 좋은 '거부' 도 제공한다.

오늘날 좋은 관계를 갖는 데 어려운 문제들 중 하나는 흉내 낼 장기적인 모델이 거의 없다는 점이다. 우리 사회서구 모델는 다른 사람에게 보이는 성적 매력과 몰두가 관계의 핵심 요소라고 가르쳐 왔다. 또한 관계를 갖는 목적은 다른 사람을 통해 우리의 요구를 충족시키려는 것이라고 가르쳐 왔다. 이러한 훈련을 벗어나는 단 하나의 방법은, 당신이 가질 수 있는 첫 번째로 가장 중요한 관계는 자신과의 관계임을 인정하는 일이다. 당신의 다른 모든 관계들은 그 뒤에 따라올 것이다. 당신은 자신과 가진 관계보다 더 좋은 관계를 어느 누구와도 절대로 가질 수 없다. 당신이 사랑받길 원하는 방식으로 당신을 사랑할 수 있는 사람은 없다. 어느 누구도 당신의 요구를 충족시킬 수 없다.

상호 종속이란 무엇인가? 그런 사람이 되는 걸 어떻게 막을 수 있는가?

중독자들의 배우자도 중독자와 문제에 과잉 몰두하게 되어 병들어 있다는 걸 상담자와 임상가들이 인식한 후에 상호 종속codependent이라는 용어가 물질남용 분야로부터 생겼다. 상호 종속적인 사람들은 돕는 역할이나 힘을 주는 역할에 중독된다. 그리고 중독자가 중독을 포기하는 것보다 이것을 포기하기가 더 어렵다는 걸 발견한다. 상호 종속에 대한 분명한 설명을 제시하는 농담이 있다. 상호 종속자는 그의 죽음의 침상에서도 자신의 눈앞에 있는 상대방의 생명의 빛을 본다.

상호 종속 개념을 이해하는 또 하나의 방식은 상호 종속적이란 우리가 상대방을 더 많이 돌보고 그다음으로 우리 자신을 돌보는 걸 뜻하고, 우리 자신의 요구를 해결하는 것보다 상대방의 요구우리가 추정한를 더 많이 해결하는 것을 의미한다는 점이다. 이것을 하기 위해 우리는 상대방이 필요한 것이 무엇인지, 상대방이 어떤 생각을 하고 어떤 감정을 느끼는지, 무엇이 상대방을 바꾸는 데 효과가 있을지를 알아내려고 상대방의 머릿속에서 많은 시간을 춤추어야만 한다.

우리의 모든 에너지는 상대방을 바꾸는 데 집중된다. 상호 종속적인 사람은 미래에 대한 착각의 세계에 살고 있다. '만약 ________하기만 하면if only'이 삶의 목표가 된다. "만약 상대방이 지금 그가 하고 있는 일을 그만두기만 한다면 삶이 멋있어질 것이다." "만약 상대방이 변화하기만 한다면 나는 괜찮아질 것이다." 슬픈 사실은 만약 상대방이 중독을 포기하고, 변화한다고 해도 상호 종속적인 사람의 삶은 여전히 착각 속에 고정되어 있고, 그는 상대방에게 힘을 주는 행동enabling behavior이 없이는 어떻게 행동할 것인지를 모른다는 점이다. 상대방으로부터 우리 자신에게로 초점을 바꾸는 일에는 많은 노력이 든다. 상호 종속적인 사람은 보통 새로이 초점을 두기 시작하는 방법이 어떤 것인지 전혀 모른다.

상호 종속성에 대해 다루기 힘든 부분은 우리 모두가 어느 정도 상호 종속적 성향을 갖는다는 점이다. 우리 모두는 때로 우리 자신을 제외하고 다른 사람을 돕는다. 어떤 사람의 문제에 개입하는 건 쉬우며 다른 사람을 양육하고 돌보는 것은 좋게 느껴진다. 상호 종속적이 되는 것과 돌보아지는 것 간의 차이는 정도의 문제이다. 우리가 다른 사람의 요구를 우리 자신의 요구보다 앞에 둘 수 있는 때가 있고 많은 걸 줄 수 있는 때가 있다.

그러나 이런 시간들은 단기간이어야 하고 오래 끌면 안 된다. 우리는 그걸 멈추어야 할 시기와 우리 자신을 돌볼 방법을 알아야 할 필요가 있다. 우리가 하고 있는 일이 선물이며 우리가 우리 자신을 위해 그 일을 하고 있으며 다른 사람을 바꾸기 위한 것이 아님을 알 필요가 있다. 이에 대한 단 하나의 예외는 어린아이를 돌보는 것이다. 어린 아동들은 양육 받을 권리를 갖기 때문에 우리는 이러한 양육을 한다. 아동들은 취약하고 무기력하며 그래서 생존하기 위해 우리에게 의존한다. 영아나 아동을 돌볼 때 우리는 상호 종속적이 아니다. 그러나 우리는 청소년과는 상호 종속적이 될 수 있다. 양육의 일부분은 놓아주어야 할 때와 다른 사람들이 스스로 행동하게 해야 할 때를 아는 걸 의미한다.

만약 당신이 상호 종속적이며 상호 종속적 성향을 정상적인 수준보다 더 많이 갖고 있다고 생각한다면, 당신은 아마도 다른 사람들에 대해 많은 후회와 분노를 느낄 것이다. 환경이 당신을 괴롭힌다고 느끼거나 걱정, 양육하기, 죄책감을 놓지 못할 것이다.

만약 당신 자신의 삶보다 어떤 다른 사람의 삶에 대한 걱정을 더 많이 한다면 도움을 받으라. 지지 집단supporting group에 들어가고, 상호 종속에 대한 문헌을 읽고, 상호 종속성을 이해하는 상담자나 치료자를 찾고, 상대방을 놓아주기 시작하라. 상호 종속적이 되는 걸 멈추는 방법은 독립하기 시작하는 것이다. 모든 주의를 상대방으로부터 당신 자신에게로 집중하는 걸 연습하라. 당신 자신을 먼저 돌보라. 그들은 그들 자신을 돌보게 하라.

만약 상대방이 자기 자신을 돌볼 수 없다면 그 사람에게 전문가를 고용하라고 말하라. 사람을 돕는 일에서 아마추어인 당신은 물러난다. 만약 당신이 그래야만 한다면, 상대방을 내버려 두라. 당신은 그 사람의 삶이나 중독에 책임이 없다. 당신은 당신의 삶을 살 수 있을 뿐이다.

왜 나는 좋은 관계를 가질 수 없는가?

다른 사람들이 그들을 사랑하게 하고, 있는 그대로의 자신을 수용하고 요구를 충족시켜 주게 만드는 데 혈안이 된 사람들이 자주 이 질문을 한다. 이것은 누구나 너무 많이 묻는 질문이다. 여기서의 모순은 우리가 자신에게 기꺼이 주지 않는 것을 어느 누구도 우리에게 줄 수 없다는 점이다. 만약 우리가 자신을 사랑하고, 지금 그대로의 자신을 받아들이고, 자신의 요구를 충족시킨다면, 우리는 관계에 필사적이 되지 않을 것이고, 우리가 요구하지 않고 필사적이지 않을 때 좋은 관계가 생긴다. 만약 이런 일을 하고, 우리 자신을 사랑하고, 우리의 요구를 보살핀다면, 우리는 관계에 들어갈 필요가 없다. 우리는 우리 자신이 괜찮다고 생각할 것이다. 만약 우리 자신과 관계가 좋지 않다면 우리는 파괴적인 관계에 끌릴 것이고, 그들 자신과 관계가 좋지 않은 사람들은 우리에게 끌릴 것이다. 이것은 마치 우리 자신에게는 보이지 않지만 다른 사람에게는 보이며, 같은 표시sign를 가진 사람들을 끌어오는 네온사인을 우리 이마에 갖고 있는 것이라고 할 수 있다. 만약 우리가 자존감을 갖고 있다면, 우리는 자존감을 갖고 있는 사람을 끌어당긴다. 만약 우리가 자신을 사랑하지 않으면 우리는 자신을 사랑하지 않는 사람들을 끌어당긴다.

좋은 관계란 건강한 사람으로 이루어진다. 관계가 사람을 건강하게 만들 수는 없다. 만약 당신이 당신을 돌봐 주고 행복하게 해 줄 누군가를 찾는다면, 당신이 끌어당길 사람은 대부분 자신이 사랑받는다고 느끼게 해 줄 사람을 찾고 있는 사람들이기 쉽다. 그렇게 갖게 되는 관계는 건강하지 않을 것이다. 당신들은 그 자신도 매우 결핍된 상대방으로 하여금 당신 자신의 요구를 충족시키게 만들려는 파괴적인 악순환의 시도에 빠질 것이다. 흔히 그 악순환을 벗어나는 유일한 방법은 그 관계를 끝내는 것이다. 그리고 만약 당신이 관계를 시작하기 전에 당신 자신을 돌봄으로써 이것을 바로잡는 방법을 배우지 않는다면, 당신은 그 악순환을 계속 반복할 가능성이 크다.

우리는 좋은 관계를 갖는 방법을 배운 적이 없다. 대단히 운이 좋지 않는 한, 우리를 둘러싼 대부분의 관계들은 그 관계 안에 있는 사람들에게 역기능적이고 종종 파괴적이다. 영화, TV, 음악, 동화들은 모두 완벽한 사람이 갑자기 나타나서 우리가 미친 듯이 사랑에 빠지고 아무것도 문제가 안 될 거라는 착각을 길러 준다. 관계에 대한 이러한 환상은 누군가가 우리를 삶의 현실로부터 꺼내 줄 것이고 모든 것이 좋아질 것이라는 중독과 비슷하다. 만약 우리가 이런 환상을 믿는다면, 우리는 가치가 낮은 것으로는 가치가 높은 것을 가질 수 없다는 걸 발견할 것이다. 나쁜 관계는 너무 많은 비용을 치른다. 그들은 정서적으로 소모되고 영혼을 죽인다. 관계중독을 포함한 모든 중독은 자기self에게 맞지 않는 것이다. 중독은 우리가 최선의 능력으로 기능하는 걸 막고 우리로 하여금 실제 삶의 일들로부터 딴 데로 주의를 돌리게 만든다. 중독은 우리의 에너지를 잘못 사용하고 우리의 창의성을 죽인다. 관계를 갖지 않는 것이 역기능적 관계를 갖는 것보다 낫다. 게다가 우리는 우리 자신과 관계를 갖고 있기 때문에 관계가 없는 일은 없다.

이 한 가지에 초점을 두라. 그것은 당신이 통제할 수 있는 오직 한 가지 일이다. 그것은 변화를 가져오고 당신의 균형을 잡아 주고 중심이 되게 하는 단 하나의 일이다. 다른 사람과의 관계를 원하는 단 하나의 좋은 이유는 당신을 다른 사람과 공유하기 위해서이다. 만약 당신이 전혀 가치가 없고, 자신이 사랑받을 가치가 전혀 없다는 느낌을 가지고 관계를 시작한다면, 그 느낌보다 더 좋은 관계가 되길 어떻게 기대할 수 있는가? 이것에 대한 하나의 은유는 무기도 없이 훈련도 받지 않고 이기길 기대하면서 전쟁터로 나가는 것일 것이다. 그건 불가능하다! 당신은 당신의 관계 이상의 존재이고 당신의 관계는 당신이 자신에게 기꺼이 해 주는 것보다 더 많은 것을 절대로 줄 수 없다.

왜 나는 '나와 꼭 맞는' 사람과 사랑할 수 없는가?

우리는 종종 우리 자신과의 관계에서 일어나는 것을 다른 사람과의 관계에 반영시킨다. 만약 우리가 자신에게 안정을 느끼지 못한다면, 우리를 사랑하지 않는 사람과 사랑에 빠질 것이다. 만약 우리가 사랑받을 가치가 있음을 믿지 않는다면, 우리를 사랑하는 사람의 마음을 끌지 못할 것이다. 우리는 우리가 받을 만하다고 생각하는 것에 마음을 빼앗긴다. 만약 우리가 벌받을 만하다고 생각한다면무의식적 수준에서라도, 우리는 우리에게 파괴적인 사람을 찾게 될 것이다. 만약 우리가 우리 자신에게 긍정적이고 좋게 느낀다면 우리는 스스로와 우리에 대해 좋게 느끼는 사람과 관계를 갖게 될 것이다. 만약 우리가 부정적이면, 우리 관계는 부정성을 보여 줄 것이다. 우리는 실제로 우리가 뿌린 대로 거둔다.

'나와 꼭 맞는' 사람을 찾는 건 소용없는 일이다. 당신 자신과 함께 있는 당신을 제외하곤 당신과 꼭 맞는 사람은 없다. 통계적으로 당신에게 적합한 사람이 수천 명 있다. 그들을 찾는 비결은 먼저 당신 자신과 조화를 이루는 것이다. 그런 뒤에야 건강한 다른 사람들이 나타날 것이다. 다른 사람이 당신에게 어떻게 보일지 그리고 당신에게 무엇을 해 줄지에 대해 기대하는 걸 멈추라. 그 대신에 당신이 어떻게 보일지, 당신이 어떤 사람인지, 당신 자신을 위해 할 것이 무엇인지에 초점을 두라. 찾는 걸 멈추라. 당신 자신의 친구를 즐기라. 관계 없이도 잘 지내는 걸 연습하라. 혼자일 때 자존감을 배우고 연습하는 건 결코 쉽지 않다. 만약 당신 자신을 돌보고 자신의 요구를 채우는 데 익숙해져 있다면, 관계 안에서 만나게 되는 도전이 당신을 압도하지는 않을 것이다. 만약 혼자일 때 자신을 돌볼 수 없다면, 어떤 사람에게 몰입되어 있을 때 자신을 돌보는 걸 배우는 일은 훨씬 더 어려울 것이다.

우리들 대부분은 관계에 들어간 뒤에 자존감에 대한 학습을 알게 된다. 우리 자신에게 자존감을 실천하는 건 덜 복잡하지만, 우리 자신을 돌보는 걸 배우기 위해 관계를 그만두어야 하는 건 아니다. 그러나 우리는 우리 자신을 위해 할 일들과 관계를 위해 포기할 것들의 우선 순위를 다시 매겨야 한다. 이 일이 우리 관계에 부정적이어야 하는 건 아니다. 우리 자신을 돌보는 건 우리 관계에 긍정적인 일이다. 우리는 다른 사람들에게 좋은 역할모델이 된다.

당신 자신을 사랑하는 일이 모든 사람이 당신을 사랑할 거라는 걸 의미하지는 않는다. 일단 당신이 자신을 사랑하면 다른 사람들이 당신을 사랑하지 않는 걸 더 쉽게 받아들이게 된다. 당신이 알고 있는 모든 사람을 사랑하지는 않는 것과 마찬가지로 다른 사람들도 당신에게 똑같은 권리를 가진다. 당신의 시간과 에너지를 당신을 돌보지 않는 사람들에게 낭비하지 말라. 당신이 초점을 두어야 할 사람은 당신을 돌보는 사람이며 그들은 당신 주위에 충분히 있다. 그리고 만약 당신을 사랑하는 사람이 아무도 없다고 느낀다면, 당신 자신을 더 많이 돌보는 건 당신의 의무이다.

관계는 균형과 관련되며 권리와 의무는 아니다. 관계는 도전과 자극이며 위안은 아니다. 관계는 확대와 성장이며 가만히 서 있기나 그대로 있기는 아니다. 오히려 관계는 각자에게 변화를 허용하고 내버려 두는 것과 관련된다. 가장 좋은 관계는 두 사람 모두 서로를 내버려 두는 관계이다. 우리는 조건 없이 우리 자신을 사랑할 수 있으며 우리 파트너를 조건 없이 사랑하려는 노력을 실천할 수 있다. 우리는 이 목표를 완전하게 이룰 수는 없을 것이다. 하지만 우리의 노력으로부터 배울 수는 있다. 만약 당신이 무조건적인 숭배를 원한다면 인형을 하나 사라. 당신의 파트너는 항상 당신을 숭배하는 일을 하지는 않는다. 당신에게 '꼭 맞는' 파트너는 없지만 당신과 건강한 관계를 가질 사람은 당신 주변에 많다. 그러나 다른 사람과 좋은 관계를 가질 준비가 되려면 먼저 당신 자신이 건강해야만 한다.

관계에서 섹스의 역할은 무엇인가?

이 질문은 '나쁜' 관계 속에 '좋은' 섹스를 하고 있는 사람들이나 섹스를 거의 하지 않는 '좋은' 관계인 사람들이 자주 묻는다. 관계에서 성적인 이슈만큼 혼란스러운 것은 없는 것 같다. 섹스와 돈은 대부분의 커플들에게 있어 의견이 일치하지 않는 두 가지 이슈다. 서구 모델은 우리에게 관계에서 가장 중요한 특성 중 하나가 상대방에 대한 우리의 성적 매력이라고 가르쳤다. 우리들 대부분이 알고 있는 바와 같이, 고통스럽게도 우리가 처음에 상대방에게 매력을 느꼈던 점은 보통 오랫동안 유지할 수 없고 결국은 우리에게 혐오감을 준다. 성적 적합성은 분명히 관계에 황홀한 차원을 더해 준다. 하지만 성적 적합성이 관계를 유지하기에 충분한 건 아니다.

Andrew Greeley는 섹스에 대해 다른 사람과 하나가 되고 궁극적으로는 신과 하나가 되기 위한 신이 준 선물, 놀이의 한 방식, 그리고 통합의 시연이라고 이야기했다. 좋은 섹스는 삶의 큰 기쁨 중 하나이며, 존재에 대한 큰 보상 중 하나이고, 스트레스와 긴장에 대한 최고의 해소법이다. 좋은 섹스는 우리로 하여금 자연스럽고 독특한 비언어적인 방식으로 놀고, 공유하고, 자신과 상대방을 인식하게 해 준다. 좋은 섹스는 좋은 관계를 강화시킨다. 그러나 좋은 섹스가 역기능적인 관계를 대체할 수는 없다. 관계에서 최상의 접근 수단을 제공하는 섹스에 수반된 친밀감과 섹스에 대한 혼동이 자주 일어난다. 섹스는 친밀감을 강화하는 것이지 제공하는 게 아니다. 역기능적 관계에 있는 많은 커플들이 그들의 관계에 혼란을 주는 믿을 수 없이 격렬한 섹스를 한다고 보고하는 건 재미있는 현상이다. 마치 침실이 그 커플이 서로 동의하고 연결되는 단 하나의 활동무대인 것 같다. 이런 일이 일어날 때는 그들의 관계에는 없는 모든 것들, 즉 대화, 애정 깊은 돌봄, 수용, 공유 등에 대한 대체물로 섹스가 이용되고 있는 것이다.

우리는 성적인 존재이다. 우리의 성욕은 자연스러운 속성이다. 불행히도 우리들 대부분은 우리의 성욕에 대해 갈등을 느끼며 당황하게 된다. 이것 역시 우리가 받은 훈련과 섹스가 우리 문화에서 받고 있는 악평의 결과다. 그것은 성적 만족 이외의 다른 목표를 이루기 위한 우리의 성욕과 성행동 사용을 지나치게 많이 강조해 왔다. 마치 성적인 것이 '나쁘거나' 또는 '더러운' 것처럼 우리는 상대방을 끌어들이는 데 우리의 성욕을 강조하거나 혹은 반대로 성욕을 상대방에게 숨기도록 배워 왔다. 우리는 남자가 여자보다 더 드러나게 성적이 되도록 배우고, 섹스는 종종 힘과 통제의 이슈로 사용된다고 배웠다. 성욕은 우리 존재의 자연스러운 부분이기 때문에 우리의 성욕에 대해 편안해지는 건 우리의 자존감과 강하게 관련되는 자연스러운 과정이다. 자신을 더 많이 사랑할수록 자신의 몸에 대해 더 편안하게 느끼고, 우리가 신체적으로 보이는 것을 더 잘 받아들이게 되며, 우리가 자신의 성욕으로 이루어졌음을 더 많이 수용하고 성욕을 덜 두려워한다.

건강한 두 사람이 만드는 좋은 관계는 섹스를 콘테스트로 사용하지 않는다. 좋은 관계에 있는 사람들은 섹스를 관계의 자연스러운 부분이 되게 하며, 섹스의 횟수나 항상 놀라운 섹스를 하는 일을 걱정하지 않을 것이다. 오랜 기간 사귄 커플들은 섹스를 관계의 다른 부분—때로는 다른 때보다 더 잘될 때가 있는—과 같다고 생각한다. 거의 대부분의 커플들은 섹스가 평소보다 덜 중요해지는 것처럼 보이는 시기를 지나며 그들은 이러한 신축성을 허용한다. 우리 생활에는 더 성적인 시기와 덜 성적인 시기가 있다. 종종 이러한 시기들은 파트너에게 진행되고 있는 시기와 일치하지 않는다. 섹스를 올바른 견해로 지키기 위해서는 타협, 수용, 이해가 필요하다. 만약 우리 생활의 다른 영역들에서 이러한 일들을 할 수 없다면, 시간에 따라 성적 요구와 성욕이 달라지는 것에 대해 융통성을 갖고 허용하는 것은 불가능할 것이다.

왜 나는 파트너를 바꿀 수 없는가?

우리가 관계에 들어갈 때 많은 사람들이 믿는 두 가지 널리 알려진 파괴적인 착각이 있다. 1) 우리와 함께 있는 그 사람이 우리와 있는 덕분에 바뀔 것이다—우리가 그를 변화하도록 도울 것이다. 2) 다른 사람들은 전혀 바뀌지 않을 것이고 처음 그대로 있을 것이다. 이것은 모두 착각이다. 왜냐하면 그것들은 실제에 근거하고 있지 않기 때문이다. 사람들은 계속해서 변화하고 있다. 변화 과정을 피할 수 있는 사람은 아무도 없다. 그러나 어느 누구도 다른 사람을 변화시킬 수는 없다. 우리는 우리 자신을 변화시킬 수 있고, 새로운 선택과 우선순위를 다시 매기는 일을 할 수 있다. 그러나 우리 파트너가 변화를 선택할지는 결코 예측할 수 없다. 우리가 할 수 있는 최고의 일은, 우리에게 중요한 다른 사람들에게 역할 모델을 제공하고 그들이 노력하도록 격려하는 것이다. 우리는 변화를 도울 안전한 환경을 제공하기 위해 노력할 수는 있지만, 우리들이 선택한 방식으로 상대방이 변화할 거라고는 보장할 수 없다.

상호 종속자와 어린 아동들은 상대방을 바꿀 수 있을 정도로 충분히 강력해진다는 잘못된 생각을 한다. "만약 내가 충분히 좋고, 옳은 일을 하며 옳은 단추를 누르기만 한다면 상대방은 변할 것이다." 그러나 상대방은 변화를 선택하지 않는 한 변하지 않는다. 변화에 대한 책임이나 요구가 그들 자신의 요구나 책임이 아닐 때 상대방은 변하지 않을 것이다. 아이들과 상호 종속자들은 상대방의 행동에 대한 책임예를 들면 제어control이 없다. 하지만 그들은 이런 책임을 짐으로써 실제로 변화가 일어나지 못하게 막는다. 우리는 우리 자신을 바꾸는 일만 통제한다. 누군가 다른 사람이 바뀌길 바란다고 해서 그들이 바뀌진 않을 것이다. 우리의 모든 노력을 상대방의 변화 과정에 쏟는 건, 우리를 병들게 하고 우리 자신의 자존감을 잃어버리게 만들 뿐이다.

상대방에게 변화를 요구하고, 부추기고, 조종하고, 위협하고, 명령하고, 간청하고, 흥정하는 건 변화를 방해하는 파괴적인 환경을 만들 뿐이다. 우리가 이 모든 부정적인 일에 개입될 때 우리는 자신을—최악의 상태로—바꾸고 있다. 우리는 자신에게 조금도 최선을 다하고 있지 않으며 자존감에 도움이 되지 않는 행동을 하고 있다. 여기서의 모순은 파트너는 보통 그가 하고 싶은 것을 계속하면서도, 지금은 그렇게 많은 부정적인 일과 그러한 파괴적인 환경을 만든 것에 대해 우리를 비난하는 것이 정당하다고 느낀다는 점이다.

아마추어 치료 함정에 걸려들지 말라. 심지어 혹은 특히, 당신의 파트너가 변화 에이전트가 되어 달라고 요청할 때조차도 그 일을 하지 말라. 그 분야의 전문가는 자기 가족의 치료자가 될 수 없다는 걸 빨리 배운다. 오직 아마추어만이 가까운 사람들에게 자기가 치료자가 될 수 있다고 믿는다. 당신은 당신이 개입된 사람들에게 객관적이 될 수 없다. 당신의 삶의 질과 밀접하게 관련된 사람을 계속해서 무조건적으로 수용하는 건 불가능하다. 당신을 숙련자 위치에 놓고 관계를 대등하고 균형 있게 갖는다는 것도 어렵다. 만약 변화 도우미가 되어 달라고 요청받는다면 당신이 할 수 있는 최선의 일은 전문적인 도움을 받도록 상대방을 지지하고 격려하는 일이다.

다시 한 번 말하지만 당신 자신을 먼저 돌보라. 당신 삶에 대해 책임을 지라. 당신의 삶이 될 수 있는 한 최상의 것이 되도록 하기 위해 당신이 해야 할 일을 하라. 이 말은 믿지 못할 정도로 간단하지만 쉽지 않다. 변화에 대한 요구의 초점을 당신이 바꿀 수 있는 대상—당신이 통제할 수 있는 것—인 당신 자신에게 두라. 수용을 연습하라. 먼저 당신 자신에 대한 수용, 그다음에 당신 파트너에 대한 수용을 연습하라. 만약 당신 파트너를 있는 그대로 절대로 수용할 수 없다면, 만약 당신 파트너가 변화하려는 노력을 하고 싶어 하지 않는다면, 그러면 다른 선택을 하라. 만약 필요하다면 떠나라. 기억하라. 이 관계를 계속할지는 당신이 선택하는 것이다.

내가 변하면
내 파트너도 변할까?

이 질문에 대해서는 그렇다, 아니다, 아마도 그럴 것이다, 세 가지 답이 있다. '그렇다'는 시스템—관계—의 한 부분이 변할 때 전체 시스템이 영향을 받고 변화가 일어난다는 걸 의미한다. '아니다'는 우리는 자신에 대한 변화를 빼고는 변화를 일으킬 수 없다는 걸 의미한다. 우리 자신을 바꾸는 일이 상대방의 변화를 보장하지는 못할 것이다. 우리는 상대방을 지각하는 우리의 방식을 바꾸게 되고 상대방을 수용하는 일이 더 쉬워지는 데서 변화하게 된다. '아마도 그럴 것이다'는 얼마의 변화가 일어날 수 있지만 그 변화들이 우리가 원하는 변화, 원하는 방향으로의 변화가 아닐 수 있음을 의미한다.

우리 자신을 변화시키려는 동기가 상대방을 변화시킬 수는 없다. 만약 그렇다면 우리가 행동을 조종하고 흥정하고 있는 것이며 진정한 변화는 아니다. 우리 자신을 변화시키는 건 어려운 일이고 변화에 대한 강한 욕구와 변화 과정의 수행을 요구한다. 우리가 숨은 동기상대방 변화시키기를 갖고 이 수행에 들어가고 바라던 결과를 얻지 못할 때, 우리는 우리 자신이 상호 종속 순환으로 곧바로 돌아가는 걸 발견하게 된다. 상호 종속 순환에서는 우리는 모든 일을 하거나 모든 책임을 지거나 노력할 이유가 없다. 아마 변하지 않는 그 사람에게 우리는 후회하며 속았다고 느끼기 시작할 것이다. 우리는 또한 우리 자신에게도 분노를 느끼게 된다. 이 모든 것들이 우리 자신의 자존감 발달에 해롭고 우리의 노력은 불리한 결과를 가져올 것이다.

당신이 변화를 선택한다면, 단 한 가지 이유—당신 자신을 위하여 변화를 원하기 때문에—만으로 그렇게 하라. 그리고 그 변화는 당신이 통제할 수 있다. 기억하라. 당신은 당신 자신에 대해 어떻게 느낄지를 선택하는 방식과 당신의 감정에 근거한 행동만을 통제할 수 있다. 다른 사람들이 당신의 변화에 반응하는 방식은 완전히 당신의 통제 밖에 있다. 당신이 만약 긍정적인 방향으로 변화한다면, 당신은 가까운 사람들도 그렇게 될 것이라고 논리적으로 믿게 된다. 불행하게도 관계는 논리적이지 않고 때로는 그 반대이다. 그 관계는 서로를 멀어지게 하거나 당신 주위에 있는 다른 사람들을 더 역기능적으로 만든다. 이렇게 되는 게 통상적인 반응이라고 가족 치료자들과 체계 전문가들에게 잘 알려져 있다. 때로는 그 체계의 악화는 단기적이며, 일단 그들이 변화에 익숙해지면 가족은 안정되고 더 기능적이 된다. 그러나 때로는 그 반대의 일이 일어나고 관계는 그 변화를 극복할 수 없다. 이것이 바로 당신 자신을 위한 변화가 중요한 이유이다. 왜냐하면 결과에 상관없이 당신은 변화해야 하기 때문이다. 이 말은 모든 변화가 관계를 위험에 처하게 할 것이라는 걸 뜻하는 게 아니다. 분명히 관계를 강화하는 많은 변화들이 일어난다. 그러나 관계가 역기능적일수록 변화에 적응하지 못할 가능성이 크다. 이런 관계들은 이미 위험에 처해 있고 관계에 포함된 사람들에게 큰 고통을 주고 있다. 만약 당신의 관계가 너무 빈약해서 당신 자신을 더 낫게 바꾸는 것이 그 관계를 깨뜨릴 정도라면, 이 관계가 당신과 당신의 삶의 질에 얼마나 가치 있는가를 숙고할 필요가 있다.

만약 다른 어떤 사람을 변화시키려고 당신이 변화하는 노력을 하고 있다면, 당신은 그들에게서 변화에 대한 책임을 면제시키고 있으며 앞으로 일어나게 될 어떠한 변화에 대한 공로를 당신의 것으로 삼고 있는 것이다. 당신 자신을 변화시킬 때 당신이 그것을 했기 때문에 변화의 공은 모두 당신이 갖는다. 당신이 노력했고, 당신이 고통을 느꼈으며, 당신이 그것을 견뎌 내고, 당신이 원하는 걸 성취했다. 누구든지 같은 권리를 갖고 있다. 그들의 변화에 대한 모든 공은 그들이 갖는다. 당신은 그들 때문에 변화하지 못한다. 그들은 그들 자신을 위해 변화했다. 다른 사람들을 위한 변화를 선택하려 하지 말라. 그것은 전혀 효과가 없다!

나는 다른 사람들을 위해 무엇을 할 수 있는가?

어떤 사람이 다른 사람을 위해 할 수 있는 가장 최선의 일은 자존감과 사회적 관심의 좋은 역할 모델이 되는 것이다. 이 미친 세상에는 건강한 역할 모델이 별로 없다. 당신 자신을 사랑하고, 당신의 요구를 돌보고, 자존감을 실행함으로써 다른 사람들이 변화하기로 선택할 때 당신은 눈으로 볼 수 있으며, 균형 있는 긍정적인 모델을 그 사람들에게 제공하게 될 것이다. 수용, 죄의식 없음, 격려를 실천하고 자신에 대해 책임을 지고 자기 자신에게 무게 중심을 둠으로써, 당신은 이것이 가능하다는 걸 보여 주고 당신을 예로 다른 사람들을 가르치게 될 것이다. 종종 우리가 다른 사람들에게 어떤 모델이 되고 있는지 모르고 있음에도 불구하고 이것은 가장 강력한 유형의 가르침이다. 자존감 실천의 많은 부분은 비언어적 행동을 포함하고 이것들은 오직 시범을 통해서만 배울 수 있다. 여기서의 모순은 당신이 자신을 위해 그런 일을 할수록, 당신은 다른 사람들에게 더 강력한 모델이 된다는 점이다. 노인들이 말하는 "네가 설교하는 것을 행동으로 실천하라."는 이와 관련이 있다. 그러나 이 예에서 당신은 설교할 필요가 없다. 단지 실천만으로 충분하다.

만약 당신 자신을 받아들이고, 완벽해지려는 걸 멈출 수 있다면 당신은 다른 사람들을 그들의 불완전성과 함께 받아들일 수 있다. 이러한 수용은 매우 강력하며 다른 사람들로 하여금 그들 자신을 수용하는 일을 시작하게 만든다. 만약 실수를 한 당신 자신을 용서하고 실수로부터 배울 수 있다면, 당신 주위에 있는 사람들은 실수를 다루는 방식을 선택할 수 있음을 알게 될 것이다. 그들은 당신에게서 배우는 걸 선택하지 않을 수도 있다. 그러나 그들은 "누구나 완벽해지기 위해 애쓰고 있다."는 오래된 변명을 사용하는 것이 불가능해질 것이다. 당신이 죄의식과 자기처벌을 놓아 버릴 때, 이런 것들이 불필요하다는 가능성을 보여 준다. 당신이 어떤 사람에게 "아니요."라고 말할 때마다 그들이 당신에게 "아니요."라고 말할 권리를 주고 있는 것이다. 만약 당신이 죄의식 없이 "아니요."라고 말할 수 있다면, 당신은 그들에게도 그렇게 하도록 허락하고 있는 것이다. 당신 자신의 요구를 돌봄으로써 다른 사람들이 그들의 요구를 돌보게 허용하고 있는 것이다. 당신이 모험을 할 때 다른 사람들이 모험을 더 하는 경향이 있다. 그렇게 계속된다. 우리는 우리 주위에 있는 사람들에 의해서 영향을 받는다. 우리는 세상에서의 격려와 지지에 반응하며 부정적인 일과 방해에 반응한다. 우리가 부정적인 것을 없애기 위해서는 긍정적인 것이 더 많이 필요하다. 당신은 당신의 세계에서 긍정적인 힘이 될 수 있다.

우리가 다른 사람들에게 모델이 될 수 있는 가장 강력한 일들 중 하나가 무조건적인 사랑이다. 우리가 자존감을 갖고 우리 자신에게 무조건적인 사랑을 실천할 때, 우리는 바로 존재being로서의 모델이 된다. 우리는 어떤 일을 해야만 하는 게 아니다. 우리는 존재함으로써 시범을 보여주고 있다. 우리 자신이 존재함으로써 우리는 다른 사람들이 존재하게 해 준다. 외현화하고 비난하지 않음으로써 우리는 비난 게임을 멈춘다. 이러한 모든 것이 다른 사람들에게 안전한 장소를 제공하며 사람들에게는 안전한 장소가 매우 필요하다.

사회적 관심은 다른 사람들에게 변화를 강요하지 않는다. 오히려 변화가 일어나게 하고 긍정적 변화를 격려한다. 자존감이 다른 사람들을 향해 확장된 것인 사회적 관심은 성장과 발달을 촉진한다. 우리는 가르치고 배우기 위해서—상호작용할 다른 사람들이 필요하다—우리 자신의 발견을 공유하고, 다른 사람들의 발견을 그들과 함께 기뻐하기 위해서 다른 사람들이 필요하다. 우리들 모두가 연결되어 있고, 하나로 결합되어 있으며 동일한 전체의 한 부분이기 때문에 우리는 다른 사람들이 필요하다. 우리는 재통합을 향해 함께 성장할 수 있다. 우리는 혼자 힘으로 이것을 할 수 없다. 세상 안에서의 분리를 극복하는 도전에도 다른 사람들이 필요하다. 우리는 소속을 찾고 유사성을 공유할 필요가 있다. 우리는 다른 사람들이 우리를 필요로 하는 것처럼—돌보아 주기 위해서가 아니라 돌보아지기 위해서, 상대방을 위해서 일을 하기 위해서가 아니라 함께 일을 하기 위해서—그들이 필요하다. 간단히 말해서 우리가 다른 사람들을 위해서 될 수 있는 최선의 것은 우리가 우리 자신에게 될 수 있는 최선의 것과 똑같은 것이다.

다른 사람들을 먼저 생각하는 게 왜 나쁜가?

다른 사람들을 자신보다 중요시하는 행동의 대중적 명칭은 '사람 기쁘게 하기people-pleasing' 이다. 이 용어는 다른 사람의 요구를 우리 자신의 요구보다 위에 놓을 때 우리가 하는 일을 정확하게 나타낸다. 만약 진정으로 우리가 다른 사람이 필요하다면, 그들을 위해 우리 자신을 희생하는 게 왜 나쁜가? 왜 다른 사람들을 기쁘게 하고 그들을 행복하게 만들면 안 되는가? 이 질문들에 대한 답도 정도의 문제이다. 때때로 우리는 어떤 누군가를 위해서 우리가 원하거나 필요로 하는 것을 희생하는 걸 선택할 수 있다. 때로는 다른 사람들을 기쁘게 하려 할 수 있다. 여기서 핵심이 되는 단어는 때때로sometimes이다—언제나는 아니다. '사람 기쁘게 하기' 를 하는 대부분의 사람들은 다른 사람을 돌보는 활동을 습관적으로 한다. 그들은 같은 행동을 자신에게 하는 걸 전혀 배우지 못했으며 다른 사람들이 자신을 기쁘게 해 주길 기다리고 또 희망한다. 이 점이 다른 사람들을 항상 최우선으로 하는 일의 위험이다.

서구 모델그리고 대부분의 종교들은 '다른 사람들이 당신에게 해 주길 바라는 대로 그들에게 행하라' 고 우리를 가르쳤다. 강조는 항상 '다른 사람에게 행하라' 부분에 있고 이 말의 앞부분에는 강조를 거의 두지 않는다. 만약 우리 자신의 요구와 소망을 알지 못한다면 다른 사람이 우리에게 해 주길 바라는 것이 무엇인지를 우리가 어떻게 알겠는가? 설혹 다른 사람들이 우리가 바라는 걸 우리에게 해 준다 해도, 우리가 그것을 받아들일 수 있고 그들의 선물이 가치가 있을까? '사람 기쁘게 하기' 를 하는 대부분의 사람들은 그들의 모든 에너지를 나누어 주는 데 쏟고, 그들이 자기 자신에게 바라거나 요구하는 것이 무엇인지는 알지 못한다. 그들은 누군가가 그들의 마음을 읽고 그들을 위해서 할 적절한 일이 무엇인지 알길 바란다. '사람 기쁘게 하기' 를 하는 사람들은 되돌려받기 위해서 주며 그들의 선물에는 항상 끈이 붙어 있다. 순수하지 않게 주는 사람들은 종종 그들이 다른 사람이 필요한 걸 그 사람보다 더 잘 안다고 생각한다. 그래서 그들은 상대방이 원하지 않거나 필요하지 않은 선물을 준다. 이런 모든 '사람 기쁘게 하기' 가 가져오는 결과는 후회, 상처, 오해들이다. 이런 결과는 '다른 사람에게 해 주기' 를 할 때 의도한 것이 절대로 아니다.

'사람 기쁘게 하기' 는 순교의 현대적 용어다. 우리들 대부분은 성인聖

人의 지위에 대한 준비가 되어 있지 않다. 그리고 순교는 받아들이기가 대단히 어렵다. 모순적이게도 진정한 성인은 그들이 원하기 때문에 준다. 그들은 궁극적으로 그들 자신을 위해 준다. 그들은 자존감을 더 높은 수준에서 실천하고 있다. 그들은 자신의 욕구를 충족시켰고 세속적인 관심사를 벗어났다. 대부분의 성인은 그들 자신의 거룩함을 인식하지도 않고 걱정하지도 않는다. 그들은 더 높은 수준의 소명을 따르고 있다. '사람 기쁘게 하기', '다른 사람을 최우선으로 하기'는 거룩함의 반대이다. '사람 기쁘게 하기'를 하는 사람들은 그들이 하고 있는 것을 모두 잘 알고 있으며 그 일을 자기중심적인 방식으로 하고 있다. 그들은 다른 사람들로 하여금 그들 자신의 요구를 충족시키도록 하기 위해서 준다. 다른 사람을 최우선에 둠으로써 그들은 그들이 준 사람들로부터 사랑, 존경, 숭배, 안전, 수용 등을 되돌려받길 바란다. 이것들 중 어느 것도 교환되거나 살 수 있는 게 아니다. 다른 사람을 최우선에 둠으로써 '사람 기쁘게 하기'를 하는 사람들은 그들이 준 선물과 함께 그들 자신의 권리와 책임도 포기하고 있는 것이다.

'다른 사람을 최우선으로 하기'는 당신이 그들에게 주는 선물이다. 모든 선물이 그렇듯이, 주는 사람이 숨겨진 동기 없이 그 선물을 주고 싶어 해야만 의미가 있다. 이것이 선물을 주는 단 하나의 좋은 이유다. 선물을 받은 사람이 선물을 어떻게 하는가는 선물을 주는 좋은 이유가 안 된다. 주는 이유가 주는 사람인 당신에게 기쁨을 준다. 그리고 그것으로 충분하다. 다른 사람을 돌보는 일은 주기엔 너무 큰 선물이다. 거기에 붙어 있는 끈이 없다는 걸 확신할 때만 그 일을 하라 다시 말하지만 어린아이들은 예외다. 당신이 원하지 않을 때조차도 그들을 돌보라. 그들은 당신의 돌봄을 받는 데 책임이 없다. 그들은 다른 선택이 없고 그들 자신을 돌볼 수 없기 때문이다. 그들을 돌볼 수 있는 다른 선택들이 있을 수 있지만, 또 다른 예외는 병이 걸렸거나 장애가 있어서 당신에게 의지하는 사람들이다. 동물들도 주인에게 의지한다. 당신이 끈이 없는 선물을 줄 수 있는 단 하나의 길은 당신 자신의 요구를 먼저 돌보는 것이다. 이 일을 하기 위해서 당신은 당신 자신을 최우선으로 해야만 한다. 당신은 당신이 필요로 하고 원하는 것이 무엇인지를 알아야 하고, 당신 자신의 요구를 충족시키는 일을 해야만 한다. 당신은 당신 자신을 돌보면서 '사람 기쁘게 하기'를 동시에 할 수 없다. 게다가 일단 당신 자신을 돌보게 되면 다른 사람을 기쁘게 하려는 당신의 욕구가 사라지는 걸 발견하게 될 것이다. 당신이 자신을 좋아할 때, 당신이 다른 사람들을 위해서 하는 일 때문이 아니라 있는 그대로의 당신 때문에 그들이 당신을 좋아하길 바랄 것이다. 당신 자신의 요구를 충족시킴으로써 주는 것에 숨겨져 있는 당신의 동기는 더 이상 중요해지지 않게 될 것이다.

바꾸어 말하면 아마도 이것이 더 분명해질 것이다. "다른 사람들이 당신에게 해 주길 바라는 대로 당신 자신에게 행하라." 이것이 자존감 학습의 핵심이다. 일단 당신이 이 일을 하면 모순이 일어나고 "다른 사람이 당신에게 해 주길 바라는 대로 그들에게 행하라."를 실행하기가 더 쉽다. 이것은 사회적 관심의 핵심이다. 당신이 자존감 실천하기를 배운 후에야 사회적 관심을 실천할 수 있다. 이게 바로 서구 모델이 우리에게 가르치는 데 실패한 것이다. 이 개념은 모든 종교인의 가슴에 있다. 당신은 가치 있고, 당신은 선하며, 당신은 사랑받을 만하다는 걸 알라. 용서, 수용, 놓아주기를 배우라. 당신은 이익을 얻게 될 것이고 당신 주위의 사람들이 이익을 보게 될 것이다. 오직 잠시 동안만 다른 사람을 최우선으로 하라. 긴 기간에는 당신을 최우선으로 하라. 당신은 당신 자신의 관심을 받을 가치가 있다. 당신은 당신 자신을 기쁘게 할 수 있다.

다른 사람에게 주어야 할 때와 "NO"라고 말해야 할 때를 어떻게 알게 될까?

먼저 당신이 주려는 것을 다른 사람이 원하는지 확인하라. 그들이 당신의 서비스를 필요로 한다고 믿지 말라. 그리고 당신 자신이 궁핍할 때 다른 사람에게 주지 말라. 모든 일이 불리한 결과를 가져올 것이다. 궁핍해지는 걸 피하라. 이것은 우리가 만나기 쉬운 또 다른 함정이다. 당신이 주려는 선물—당신의 시간, 에너지, 서비스, 희생—이 순수하며 당신 입장에서 숨겨진 동기가 없다는 걸 확인하라. 만약 당신이 주고 싶지 않지만 주어야 한다고 느낄 때 주라는 요청을 받으면, 이것이 단기적 상황이라는 걸 확인하라. 왜냐하면 처음부터 당신이 어떤 상태에 들어가는지와 언제 그만둘 수 있는지를 정확히 알기 위해서이다. 만약 이런 일들을 할 수 없다면, 긴 안목으로 볼 때 당신 자신을 아낌없이 주는 일을 하지 않는 게 더 좋다. 만약 당신이 너무 많이 주고 있으며 이에 대해 후회하거나 화가 나게 되는 상황에 있다는 걸 알게 된다면, 주는 걸 멈추라. 당신 자신을 파괴시킬 만한 선물은 다른 사람에게 주지 말라. 일단 주기 시작하면 계속 주어야만 한다는 법칙은 없다. 항상 당신이 주는 사람이기를 기대하는 사람들을 조심하라. 그들은 자존감이 없으며 당신이 당신 자신을 돌보도록 격려하지 않을 것이다.

다음 이야기는 너무 많이 주는 것의 위험을 분명하게 보여 주는 예이다. 밀림에 늪이 하나 있었다. 그 늪은 생활의 거의 대부분이 항상 우울하고 비관적이고 불행하였다. 어느 맑은 날 아주 새로운 트랙터 한 대가 컨베이어 시스템에서 굴러 나와 늪이 살고 있는 숲 속으로 걸어 들어왔다. 늪을 지나갈 때 트랙터는 휘파람과 노래를 부르며 살아 있는 걸 기뻐했다. "안녕." 트랙터가 늪에게 말했다. "참 좋은 날이지!" "흠…" 늪이 대답했다. "무엇이 그렇게 좋은데? 난 여기 나무에 가려 햇빛이 전혀 들어오지 않는 숲의 그늘진 부분에 붙박혀 있는 오래된 질척한 늪으로 사는 게 지겨워." "내가 너를 도울 수 있었으면 해." 순수한 트랙터가 말했다. "도울 수 있는 게 있을까?" 늪은 진지했다. "그래, 네가 진정으로 돕고 싶다면 내 안에 진흙을 많이 퍼 넣어 줄 수 있고 그러면 나는 말라 버려서 늪인 걸 그만둘 수 있을 거라고 생각해." "좋은 생각이야." 트랙터가 말했다. "네가 늪인 걸 그만두게 도울 수 있어서 난 행복할 거야." 그리고 열정적인 트랙터는 진흙을 열심히 늪에 퍼 넣기 시작했다. 이 일이 두어 시간 동안 계속되니 늪의 상태에 작은 변화가 생겼다. 늪은 투덜대기 시작했다. "너는 나를 바꿀 정도로 충분히 빨리 퍼 넣지 않는 것 같아." "알았어." 트랙터가 대답했다. "내가 더 빨리 퍼 넣을게." 낮이 지나고 작은 트랙터는 지쳐 갔다. 늪이 보기에 늪의 상태는 아침에 본 것과 똑같았다. 이제 늪은 트랙터에게 성이 났다. "만약 네가 나를 진정으로 걱정한다면, 어떤 결과가 있어야 해. 난 네가 진정으로 나를 돕고 있다고 생각하지 않아." 이때쯤은 트랙터가 늪을 돕는 데 온 하루를 보냈고 트랙터는 진정으로 자기가 늪을 바꾸려는 노력을 했다고 느꼈다. 그래서 힘이 약해지고 소진되었음을 느끼면서도 일에 박차를 가했다. 트랙터는 늪이 자고 있는 동안 밤새도록 진흙을 퍼 넣고 그 다음 날도 늪이 자기의 보잘 것 없는 노력과 진정으로 자기를 돌보지 않는 것에 대해 투덜대고 불평을 하는 동안 계속해서 일했다. 트랙터는 말 그대로 죽을 때까지 일했고 천천히 축축한 진흙 늪 속으로 잠겨 갔다. 거기엔 더 이상 트랙터가 있었던 흔적이 없었다. 늪은 여전히 늪으로 남아 있고 다음의 트랙터가 와서 자기 자신으로부터 자신을 구해 주길 기다리고 있었다.

트랙터가 할 수 있었던 일은 무엇인가? 만약 트랙터가 자존감—자기 자신을 돌보는 방법—을 배웠더라면, 그는 늪에게 늪이 변화하기 위해서 기꺼이 하려는 일이 무엇이냐고 물었을 것이다. 아니면 그는 늪을 지나쳐 가고 이것이 위험한 함정이라는 걸 깨달았을 것이다. 아니면 사회적 관심이 있는 트랙터로서, 잠깐 동안 늪을 도우려 했을 것이다. 그리고 그의 도움이 효과가 없다는 걸 깨달았을 때, 늪이 여전히 늪으로 있을지라도 트랙터는 자기 노력이 기분 좋게 느껴지는 자기 길을 계속 갔을 것이다. 모든 경우에서 트랙터가 자존감을 갖고 있었더라면 그의 삶을 늪에게 절대로 주어 버리지 않았을 것이다.

어떤 사람들은 타고난 트랙터주는 사람이고 그들은 늪받는 사람들인 사람들에게 끌린다. 결말을 행복한 것으로 바꾸기 위해서 이 세상의 늪과 트랙터는 그들 자신을 돌보는 걸 배울 필요가 있다. 이 세상의 늪들은 스스로 하는 걸 배울 필요가 있고, 트랙터들은 늪이 늪 자신을 돕도록 놓아두는 걸 배울 필요가 있다. 트랙터는 늪이 계속해서 늪이도록 허용한다. 너무 많이 줌으로써 주는 사람은 받는 사람을 한 단계 아래, 희생자 역할에 둔다. 그리고 희생자는 후회하며 소위 그들의 구원자를 미워한다. 받는 사람이 갖는 해로움을 인식하는 건 쉽다. 그러나 지나치게 주는 일에도 해로움이 있다. 주는 사람은 좋게 느끼고 신뢰를 얻기 위해서 받는 사람이 원하는 것보다 더 많은 것을 주려 할 수도 있기 때문이다.

과자 단지 이론을 기억하라. 먼저 당신 자신을 위해서 과자를 굽고 그 다음에 다른 사람을 위해 구우라. 당신 단지가 찼을 때 다른 사람에게 과자를 주라. 당신은 주는 행동에서 고갈을 느끼지 않을 것이다. 당신이 어떤 것을 희생하고 있다고 느끼지 않는 한 다른 사람을 위해 당신 자신을 희생할 수 있다. 하지만 당신이 희생한다는 느낌이 들면 그 즉시 주는 걸 멈추고 당신 자신의 요구를 돌보라.

‘역기능적 가족’ 이란 어떤 것인가?

이 용어는 일반적으로 건강한 방식으로 작용하지 않는 가족이나 관계를 정의하는 데 사용된다. 이러한 가족 안에 있는 사람들은 어떤 유형의 악순환에 잡혀 있어서 서로 관계 맺는 일과 자기 자신과 관계 맺는 일에서 고통과 파괴적 패턴을 야기한다. 알코올 중독자, 약물 중독자, 성격장애인 가족, 학대적인 가족, 범죄자, 또는 어떤 유형이든 파괴적인 사람이 있는 가족은 일반적으로 역기능적이다. 이 용어는 가족 중 위반자의 문제에만 초점을 두지 않고 가족을 하나의 체계로 보는 관점으로부터 만들어졌다. 가족 중 한 사람이 주된 문제를 가질 때는 전체 가족이 문제를 갖고 가족 모두가 혼란 상태에 빠지게 된다. 또 위반자 없이 역기능이 일어날 수도 있다. 만약 가족에게 파괴적인 방식으로 영향을 주는 가족의 커다란 비밀이나 외부 갈등이 있으면, 그 가족은 역기능적이 될 수 있다. 가족 구성원 모두가 어떻게든 그 문제의 희생자가 된다.

불행히도 오늘날 너무 많은 가족들이 역기능적인 것으로 보인다. 이런 가족들은 너무 많은 긴장을 느끼며, 의미 있는 대화가 부족하고, 감정을 다루는 일을 못하며, 서로에 대한 지지가 부족하고, 불필요하고 파괴적인 비난을 하며, 낙담시키는 분위기이고, 가족 각자를 긍정적인 방식으로 발달시키거나 성장시키지 못한다. 가정은 안전하고 안정된 장소라기보다는 전쟁터 같다. 우리가 역기능적인 가족 속에서 살고 있다는 확실한 징후는 집에 가는 걸 싫어하고 두려워할 때이다. 우리는 가족 구성원들 사이에서 분열, 빈약한 연맹, 많은 비밀들, 수많은 배신을 자주 발견한다. 가족의 각 구성원은 살아남기 위해 건강하지 못한 방어를 배우며, 이런 가족의 아이들은 그들에게 주어진 이런 잘못된 훈련을 그들의 관계에 끌어들인다. 이런 식으로 원래의 역기능적인 한 가족으로부터 여럿의 역기능적인 가족들이 생겨나게 될 것이다. 역기능적인 가족들은 역기능적인 사람을 만들어 내고 그다음에 그가 계속해서 역기능적인 가족을 만든다.

가족 치료자들은 문제 있는 사람만을 가족에서 빼내어 치료를 하고 '그 환자' 를 다시 역기능적인 가족에게 돌려보내는 것으로는 충분치 않다는 걸 발견했다. 긍정적인 변화를 가져오기 위해서는 문제가 있는 사람으로부터 가족 단위로 초점이 옮겨져야만 한다. 변화를 일으키기 위해서 때로는 육친 외의 다른 관련 부분들—그 문제에 개입된 친한 친구들, 다른 친척들, 도움을 주는 사람들—까지도 치료중재에 포함되어야만 한다. 모든 가족 구성원이 치료에 포함되기 위해서는 때때로 그 가족에게 위기가 필요하다. 위기가 갖는 모순은 만약 그 위기가 변화 과정을 촉진한다면, 역기능적 가족에게는 위기가 종종 가장 긍정적인 사건이 될 수 있다는 점이다.

대부분의 역기능적 가족들은 역기능적으로 남아 있는 것이 불확실한 모험을 감수하는 것보다 더 쉽고 익숙하기 때문에 변하지 않는다. 문제에 대한 익숙함과 그 문제에 대한 가족들 반응이 가족 구성원들에게 이상한crazy 종류의 안전감을 만든다. '그 어떤 사람보다도 당신이 그 악마를 더 잘 알고 있다.' 새로운 패턴을 배우고 발달시키는 것보다 가만히 움직이지 않는 게 더 쉬운 것처럼 보인다. 그러나 이것은 무서운 착각이다. 왜냐하면 건강한 관계보다 역기능적인 관계를 유지하는 데 훨씬 더 많은 에너지가 필요하고, 또 이런 관계의 유지가 이 관계에 포함된 사람 어느 누구에게도 긍정적인 보상을 주지 않기 때문이다. 만약 파괴적인 가족체계를 변화시키는 걸 가족이 거부한다면, 변화를 원하는 가족 구성원은 가족의 반응과 상관없이 혼자 힘으로 변화하는 것을 선택해야만 한다. 이것은 때로는 병든 체계역기능적 가족체계와의 분리를 가져오는 상당히 어려운 선택이 될 수 있다. 그러나 우리는 먼저 우리 자신을 책임져야 한다.

왜 나는 아직도 부모님을 두려워하는가?

이 질문을 하는 성인들이 놀랍게도 많다. 이런 사람들은 역기능적 가족 안에서 자라고 한쪽 부모나 양쪽 부모에 의해서 학대받거나 위협받은 사람들이다. 두려워하는 부모가 사망했거나 현재 부모와 떨어져 있음에도 불구하고, 그리고 그들의 현재 지위에도 불구하고 이런 두려움은 성인기까지 계속된다. 어느 것도 두려워하지 않고 '성공한' 직업을 갖고 있는 사람이 이런 부모를 생각하거나 만날 때는 여전히 불안과 비합리적인 공포를 갖고 있게 된다. 이런 부모를 만날 때 종종 이런 사람들은 아이 같은 상태로 되돌아가서 미숙한 방식으로 행동한다. 비록 부모는 늙고, 병들고, 약하며 이들은 강한 남자와 강한 여자라 해도 두려웠던 부모를 상대해야 할 때는 허풍을 떤다.

만약 우리가 내 안의 아이 개념을 잘 알고 있다면 이런 반응은 이해하기 더 쉽다. 기억하라. 이 내 안의 아이는 '성장하지' 않고 여전히 우리의 초기 감정과 반응에 싸여 있다. 그러므로 우리가 여전히 부모를 두려워할 때, 우리는 부모를 내 안의 아이의 눈으로 지각하고 있음을 의미한다. 우리는 이 부모를 우리가 생존하기 위해 의지하고 있는 강력하고 필요한 사람으로 지각하고 있다. 왜냐하면 우리가 어렸을 때 그들이 우리에게 너무 많은 고통을 주었기 때문에, 우리는 여전히 그들을 지금의 우리보다 더 강하고 상처를 줄 수 있는 사람으로 본다. 우리가 어렸을 때는 그들을 두려워하는 게 이해되었으나 부모 없이도 살아갈 수 있는 지금 그들을 두려워하는 건 더 이상 이해되지 않는다. 그러나 내 안의 아이는 이러한 유형의 이성적 논리를 연결시키지 못한다. 당신은 두려워하는 아이를 설득할 수 없다. 당신은 그 감정을 이해하고 연결시켜야만 한다.

일단 당신이 당신의 내 안의 아이를 돌보는 걸 배우게 되면, 당신은 어른의 눈으로 상처를 주는 부모를 볼 수 있다. 당신은 부모의 불안과 요구와 약점들을 보기 시작할 수 있다. 그다음에 당신은 당신이 두려워하기 때문에 부모들이 당신에 대해 갖는 힘을 간파하고 그들이 당신에게 가하는 통제를 놓아 버릴 수 있다. 당신은 이런 부모를 고통을 주는 대상이 아니라 이 세상에 살고 있는 한 사람으로 보게 될 것이다. 만약 당신이 이런 부모로부터 당신 자신을 분리할 수 있다면, 당신은 학대가 주는 해악을 보게 될 것이고 학대받지 않는 걸 선택할 수 있다. 당신은 희생자 역할에서 벗어날 수 있다. 당신 부모를 바꾸려 하거나 그들이 당신에게 주었던 해악을 알게 하거나 그 일에 대해 사과하게 하려 애쓰지 말라. 이런 부모들은 아마도 절대로 사과하는 걸 선택하지 않을 것이고 당신은 자신에게 더 큰 고통을 주게 된다. 그 대신에 당신 자신을 바꾸라. 당신의 내 안의 아이를 돌보고 내 안의 아이에게 당신이 부모로부터 받아야 했지만 결코 받지 못했던 지원과 격려와 안전을 주라. 부모가 당신이 아이였을 때 당신에게 할 수 없었거나 하지 않았던 일을 당신 자신에게 해 줘라. 만약 당신 부모가 아직도 당신을 학대한다면, 이런 병든 시스템을 벗어나라. 자존감을 실천하고, 당신을 실망시키는 사람들에게서 멀리 떨어져 있으라. 당신 자신을 강하고 안전하고 사랑받게 만들고 의존을 독립으로 바꾸라. 그런 부모에게서 필요로 하는 것이 없도록 당신 자신에게 당신이 필요로 하는 것을 주라. 오직 당신이 두려움에서 벗어나고 부모의 필요성을 깨끗이 없애 버릴 때만 당신은 부모와의 위험한 상호작용을 감당할 수 있다. 만약 당신이 지원을 받지 못하거든 부모와 만나려 하지 말라. 부모에게 치료자가 되거나 교사가 되려 하지 말라. 기억하라. 당신은 화가 날 수 있으며 부모와 직접 상대하지 않으면서도 이 화를 건설적으로 다룰 수 있다. 당신은 당신 부모에게 화를 낼 권리가 있다. 하지만 당신은 자신을 돌보고, 당신이 과거에 갖고 있던 두려움을 놓아 버리고 자신의 삶을 살아야 할 훨씬 더 큰 책임이 있다. 일단 생존을 위해 당신 부모가 필요한 게 아니라면, 당신은 더 이상 의존할 필요가 없다. 당신의 내 안의 아이는 이제 자기를 돌보아 줄 당신을 갖고 있다. 당신은 두려워하지 않을 수 있다!

왜 나는 증오하는가?

증오는 외적으로 다른 사람이나 상황에 원인을 돌리거나 또는 내적으로 자기 자신에게 원인이 돌려진, 풀리지 않은 분노, 충족되지 않은 요구, 인정되지 않은 고통으로 이해될 수 있다. 우리는 우리를 해치거나, 우리가 원하거나 필요로 하는 것을 주지 않는 사람을 증오하는 경향이 있다. 우리는 우리를 괴롭히는 사람을 증오한다. 우리가 희생자일 때는 약하고 힘이 없기 때문에 우리 자신을 증오한다. 우리는 불공평 개념을 증오하는데, 왜냐하면 그 개념이 우리로 하여금 희망이 없고 상황을 통제할 수 없다고 느끼게 만들기 때문이다. 우리가 완벽할 수 없다는 사실을 증오하고 이 세상에서 우리가 갖는 취약성을 증오한다. 우리는 다른 사람을 증오하는 것으로 시작하여 우리 자신을 증오하는 것으로 끝을 낸다.

증오가 갖는 문제는 그것이 널리 영향을 주고 자기파괴적인 악순환을 만든다는 점이다. 증오는 수용의 반대이다. 어떤 누군가를 증오할 만한지와는 전혀 상관없이, 우리의 증오는 우리 자신의 일부분이고 결국은 우리에게 돌아오며, 우리 자신의 영혼과 자존감을 파괴한다. 우리 안에 증오가 있을 때 우리 자신을 무조건적으로 사랑하는 일은 어렵다. 증오는 통 속에 있는 썩은 사과와 같다. 썩은 것을 빼내지 않으면 다른 좋은 사과도 썩게 된다.

증오를 다루는 가장 좋은 방법은 분노를 풀고, 요구를 충족시키고, 고통을 인정하는 것이다. 당신이 증오하고 있다는 걸 받아들이고 이 증오를 놓아주도록 노력하라. 당신이 증오하는 이유를 정당화하거나 당신이 증오한다는 걸 부인하는 데 당신의 시간과 에너지를 낭비하지 말라. 당신 증오에 대한 지지를 구하지도 말라. 어떤 일이나 어떤 사람을 증오하는 건 그 일이나 그 사람을 절대로 바꾸지 못할 것이다. 하지만 당신을 파괴적인 방식으로 바꿀 것이다. 증오하는 일에 초점을 두는 걸 멈추고 당신 자신에게 다시 초점을 두라. 그 증오를 구성하는 다른 감정을 찾아보라. 당신의 증오에 포함되어 있는 슬픔과 분노와 두려움을 인식하라. 이런 감정들은 인정하라. 하지만 그 감정들을 통제하려 하지 말라. 기억하라. 당신은 당신의 감정은 통제할 수 없지만 그 감정들을 어떤 식으로 표현할지와 그 감정에 따라 어떻게 행동할지는 통제할 수 있다. 만약 당신의 증오 속에서 슬픔을 느끼거든 울어라. 잃어버린 것을 애도하라. 그리고 그 고통을 지나가게 놓아주어라. 일단 당신이 그것을 다루게 되면 그렇게 될 것이다. 분노에 대해서도 같은 일을 하라. 소리 지르고, 뛰어오르내리고, 베개를 마구 때리고, 절대로 부치지 않을 화난 편지를 쓰거나, 당신 감정에 따라 무모하게 행동하지 않으면서 감정을 느끼도록 격려해 주는 중립적이고 지지적인 사람과 당신의 분노를 공유하라. 만약 당신이 분노를 인정하고 가도록 놓아준다면, 당신의 다른 모든 감정과 마찬가지로 분노는 지나갈 것이다. 만약 당신이 더 이상 분노나 슬픔이나 두려움이나 궁핍을 느끼지 않는다면 증오하는 것은 불가능해질 것이다. 당신이 당신의 감정과 요구를 돌볼 때 증오할 게 왜 남는단 말인가? 만약 그 사람이 이 세상에 존재하는 방식 때문에 어떤 사람을 증오한다면 당신은 판단 행동을 하고 있는 것이다. 당신은 옳고 다른 사람은 틀리며, 당신은 좋고 다른 사람은 나쁘며, 당신은 알고 있고 다른 사람은 모른다고 말하는 것이다.

서구 모델은 경계, 인식된 가치, 비판에 근거한 모델이다. 서구 모델은 우리가 완벽함을 성취할 수 있으며 다른 사람과 경쟁하고 있다고 가정한다. 동양 모델인 존재모델은 가정을 하지 않는다. 동양 모델은 수용의 모델이다. 우리는 현재 있는 그대로가 우리이며 마찬가지로 누구든 다른 사람도 현재 있는 그대로가 그들이다. 우리는 우리 자신에게만 책임이 있으며, 우리가 증오할 때 우리의 증오에 책임이 있다. 우리는 우리 자신을 제외한 어느 것도 통제할 수 없지만 증오를 멈추는 건 선택할 수 있다. 우리가 그들을 증오하든 안 하든 간에 다른 사람들은 변하지 않을 것이다. 이 세상에는 항상 고통과 불의와 불공평함이 있다. 우리의 증오는 이미 파괴가 넘쳐나는 이 세상에 부정적인 것을 더할 뿐이다. 우리가 수용하고 증오하지 않는 것이 부정적인 것을 모두 바꾸게 되진 않겠지만 적어도 우리 자신은 바꾸게 될 것이다. 우리는 시궁창을 깨끗하게 할 수는 없겠지만 시궁창에 더러운 것을 더 넣어서는 안 된다. 우리는 증오를 놓아줄 수 있다. 증오는 이롭지 않다.

다른 사람이 나를 증오할 때 내가 어떻게 해야 할까?

이 질문은 여러 면에서 앞의 질문과 반대이다. 이 질문의 답은 앞의 답과 일부 유사하다. 다른 사람들은 우리가 그들에게 상처를 줄 때, 그들이 필요로 하거나 원하는 걸 갖지 못하게 할 때, 그들에게 고통을 줄 때, 그들을 희생시킬 때 우리를 증오한다. 다른 사람들은 우리가 나쁘다거나 무지하다거나 병들었다고 지각할 때 우리를 증오하는 경향이 있다. 사람들은 드러날까 봐 두려운 그들의 약점과 똑같은 약점을 가진 우리를 증오한다. 또는 그들에게는 없다고 느끼는 우리의 장점 때문에 우리를 증오한다. 때때로 사람들은 뚜렷한 이유 없이 우리를 증오한다.

증오하는 것과 증오받는 것 사이에는 큰 차이점이 하나 있다. 우리는 증오받는 것으로부터 배울 수 있다. 우리가 증오받는다는 사실을 우리 자신의 변화를 가져오는 데 이용할 수 있다. 그리고 우리가 증오받는 이유에 초점을 둠으로써 다른 사람에 대한 우리 자신의 행동과 그 행동의 결과를 알게 될 수 있다.

만약 우리가 증오받고 있다는 사실을 받아들인다면 이 증오에 대해 하고 싶은 일을 생각할 수 있다. 우리는 자신에게 우리 자신에 대해 어떻게 느끼는지, 그리고 다른 사람들로부터 이런 반응을 받을 만하다고 느끼는지를 물어볼 수 있다. 만약 우리가 어떤 사람에게 해를 주고 있다는 걸 인정하고 받아들이면, 우리는 행동을 바꾸는 걸 선택할 수 있다. 타인을 통제할 수 있다고 착각하게 만드는 우리의 불안을 인정하기 시작할 수 있다. 우리가 다른 사람을 한 단 아래 또는 희생자 위치에 놓을 필요를 느끼는 이유를 알 수 있다. 우리가 낙심하고 있으며 파괴적인 이유를 이해하기 시작할 수 있다.

일단 우리가 하고 있는 행동이 해롭다는 사실을 객관적으로 받아들일 수 있으면 우리는 변화를 선택할 수 있다. 부정, 방어, 정당화, 외부 탓으로 돌리기를 할 때는 변화 과정을 시작할 수 없다. 우리는 친구들에게서보다는 적들에게서 더 많은 것을 배울 수 있다. 우리는 우리를 증오하는 적들이 우리를 긍정적으로 성장하게 하는 교사나 도전이 되게 놓아둘 수 있다.

우리가 자신의 행동에만 초점을 두고 우리가 하고 있는 일을 좋게 느끼며 변화 요구를 인정하지 않는다고 가정해 보라. 이런 경우 우리는 우리가 증오받을 이유가 없다고 느끼고 따라서 그 일로부터 어떤 것도 배울 수 없다. 그 대신 우리는 괜찮은 사람이고 세상은 공평하지 않다는 걸 받아들이면 우리가 부당하게 증오받는 것을 다룰 수 있게 될 것이다. 우리가 우리 자신의 증오에 대한 선택과 책임을 갖듯이 다른 사람들도 그렇다. 만약 우리가 진실로 할 수 있는 최선을 다하고 있고 일부러 어떤 사람에게 해를 주거나 그를 희생시키려 하지 않는다면, 그리고 우리의 양심이 깨끗하다면 우린 다른 사람의 증오를 걱정하느라 시간과 에너지를 낭비하지 말아야 한다. 그걸 다루는 건 실제로 그들의 문제이고 책임이다. 우리는 자신을 우리의 희생자라고 여기는 사람들의 희생자가 되고 싶지 않다. 이것은 모든 사람에게 패-패 사이클lose-lose cycle을 만들 것이다.

자존감은 우리가 다른 사람에게 고통을 준 사실을 다루는 걸 의미한다. 우리는 다른 사람의 요구를 채워 줄 수 없으며 그들이 우리에게 해 주길 바라는 대로 그들을 돌볼 수 없다. 우리는 다른 사람그들이 예외의 존재들, 즉 어린아이, 병들고 장애가 있는 사람, 동물, 세상의 진짜 희생자가 아니라면들을 책임질 수 없다. 자존감이 없는 사람은 그들이 갖고 있는 약한 자아에 우리가 끌려 들어가지 않는다고 우릴 증오할 것이다. 우리는 이것을 받아들이고 그들이 그러도록 내버려 둘 수 있다. 우리는 증오받는 것이 두려워서 다른 사람, 즉 기쁘게 하는 사람이 될 수는 없다. 역설적으로 기쁘게 하는 사람들은 자존감을 실천하는 사람들보다 더 증오의 대상이 된다. 증오는 그것을 느끼는 사람의 것이다.

우리가 할 수 있는 최선은 할 수 있는 만큼 우리 자신을 믿고, 우리 양심을 점검하고 우리 자신에 대해 어떻게 느끼는지를 점검하며, 다른 사람에 대한 우리의 파괴적 패턴을 바꾸는 것이다. 그리고 그들의 증오를 놓아 버리는 것이다. 우리는 먼저 우리 자신을 사랑하고 그다음에 다른 사람을 사랑하는 걸 배울 수 있으며, 이런 식으로 이 세상에서 증오를 덜 만들어 내고 사랑을 더 만들어 내게 될 것이다.

관계를 끝낼 때라는 걸 언제 아는가?

역기능이라는 말이 관계에서 쓰일 때는 관계가 제대로 이루어지지 않는다—건강한 방식으로 작용하지 않는다—는 걸 뜻한다. 역기능적 관계들 간에는 정도의 차이가 있다. 진부하고 따분한 관계는 때때로 역기능적으로 느껴지게 된다. 외적인 스트레스 요인들이 평상시와 다른 친숙하지 않은 행동 패턴을 만들 때 역시 역기능적으로 느껴질 수 있다. 모든 관계는 평상시보다 덜 좋아지는 시기가 있다. 대부분의 관계에 있는 이러한 정상적 패턴은 심각하게 역기능적인 관계들과 대조할 필요가 있다. 후자역기능적 관계는 그 관계에 들어가 있는 사람들에게 학대, 중독, 신체적이거나 정서적인 해나 손상을 주는 관계들이다. 학대나 손상의 가능성이 높을 때 희생자는 가능한 한 빨리 그 관계를 떠나야 한다. 우리는 신체적 안전이 보장되어야 비로소 우리 자신을 정서적으로 돌볼 수 있다. 에너지가 기본적인 생존요구에 쓰일 때 우리는 변화와 성장을 도모할 수 없다. 만약 우리가 그렇게 할 아주 작은 가능성이라도 있다면 우리 자신을 안전한 환경에 둘 권리와 의무를 우리 자신에 대해서 갖는다. 어떤 길이라도 벗어날 길이 있다면 희생자 역할에 머무르는 걸 선택하지 말아야 한다.

정서적 안전은 신체적 안전만큼이나 중요하다. 정서적으로 학대받고 있다면 당신은 능력을 최대로 발휘할 수 없다. 만약 당신에게 정서적으로 해를 끼치는 사람과 관계를 갖고 있다면 그 사람을 바꾸려는 시도를 하기보다는 그를 떠나라. 만약 당신이 변화하려는 노력에 관심이 없는 알코올 중독자나 약물 중독자와 살고 있다면, 그것을 다루려 노력하기보다는 그 중독자를 떠나는 게 더 낫다. 기억하라. 그 중독자의 첫 번째 관심은 그가 중독된 것을 향해 있다. 그 중독자가 자기가 중독된 것을 기꺼이 포기할 때 비로소 당신은 중독보다 앞설 수 있다. 역기능적 가족에 대한 치료 과정—'친구나 가족의 마약 중독 등을 치료하기 위해 엄한 태도를 취하는 것tough love'—의 성공은 항상 중독자가 중독과 파트너 혹은 중독과 가족 중에서 선택해야만 한다는 사실을 포함한다. 중독자는 그 둘을 동시에 가질 수 없다. 그 관계를 떠나는 게 고통스럽다 할지라도, 긴 안목으로 보면 희망 없는 상황에 머무르는 것보다 덜 고통스러울 것이다. 당신은 당신 자신과 당신의 어린 자녀들을 위해서 당신 자신을 학대적인 환경에서 빼낼 책임이 있다. 기억하라. 안전은 인간과 동물의 일차적인 요구이다. 그것은 수면이나 음식이나 섹스보다도 더 기본적인 것이다. 무엇이든 도망갈 방법이 있다면 당신 자신을 안전하지 않은 환경에 두지 말라. 당신은 위험하게 있을 이유가 없다.

다른 관계—위험은 없지만 잘되어 가지 않는 관계들—는 어떠한가? 그 관계가 지루하고 불행한 건 어떻게 되는가? 이런 경우에 당신은 떠나야 할지 여부와 언제 떠나야 하는지를 어떻게 아는가? 여기서의 좋은 규칙은 빠르거나 급한 결정을 하지 않는 것이다. 시간을 갖고 도움을 받으라. 그 관계에는 없다고 느끼는 것들에 대해서 생각해 보고 혼자 힘으로 해결할 수 있는 것들을 시도하라. 만일 당신이 자존감이 없다면 당신은 파트너와 그 관계에 대해 불합리한 요구를 하게 될 것이다. 만일 그 관계가 당신에게 해 줄 수 있는 것들에 대해 당신이 환상과 비현실적인 기대를 갖고 있다면, 당신은 이런 것들에 초점을 두고 그것들을 바꾸어야 한다. 당신 자신을 바꾸려는 시도를 하지 않으면서 지루하고 불행하다는 이유로 관계를 떠나지 말라. 항상 당신을 행복하게 만들거나 자극을 줄 수 있는 관계란 없다. 당신이 당신 자신에게 먼저 기꺼이 해 주지 않는 일을 당신을 위해 해 줄 수 있는 관계란 없다. 만일 당신이 관계를 떠나 당신의 자존감에 따라 움직이지 않는다면, 당신은 모든 쓸데없는 이야기를 듣게 되고 당신의 다음 관계를 망칠 것이다. 자존감은 관계 이슈가 아니고 개인적 결정임을 기억하라. 당신은 사회적 관심을 실천하기 전에 스스로 자존감을 배우고 실천한다. 관계는 당신을 건강하게 만들 수 없다. 당신만이 당신 자신을 건강하게 만들 수 있다.

한쪽 혹은 양쪽 파트너가 약한 자아를 갖고 있으면서 그들의 요구가 외적인 것으로 채워지길 기대하기 때문에 너무 많은 관계들이 실패로 끝난다. 이런 사람들은 죽을 때까지 관계 순례를 하거나, 찾고 있는 걸 그들이 자기 자신에게 주어야 한다는 걸 배우게 될 것이다. 그런데 너무 오랫동안 불건강한 관계를 유지하는 사람들이 있다. 이들은 보통 '나는 상대방을 바꿀 수 있다' 는 사이클에 사로잡혀 있는 상호 종속적인 사람들이다. 이런 사람들은 자기 자신이 문제라는 걸 인정하지는 않고 상대방에게 몰두하게 된다. 그들에게는 다른 사람에게 그들 자신이 필요한 사람이 되는 것, 다른 사람을 기쁘게 하는 것, 다른 사람을 돌보는 것이 필요하다. 게다가 그들은 바꾸어야 할 것을 그들 밖에서 찾고 있다.

기억하라. 당신 자신 밖에 있는 어느 것도 당신이 통제할 수 없으며 당신이 바꿀 수 있는 건 당신 자신뿐이다. 만일 당신이 관계 안에서 자존감을 배우고 실천할 수 없다면 그 관계를 떠나라. 만일 당신이 통제할 수 없는 어떤 이유로 인해서 관계 안에 현재 있는 그대로의 당신일 수 없다면 그 관계를 떠나라. 비난하지 말고 관계를 떠나고, 그 병든 사이클에서의 당신 자신의 역할을 깨닫고 이제는 자신을 돌보도록 노력하라. 자신을 병든 관계의 볼모로 만들지 말라.

신체적 · 정서적으로 안전한 관계, 당신이 자신을 바꾸고 자신을 위해 노력하는 걸 허락하는 관계를 유지하라. 당신 자신의 요구와 소망을 이루기 위해 일할 수 있을 때 그리고 그 관계가 이런 자유를 당신에게 허락할 때 그 관계를 유지하라. 단기간의 힘든 시기를 지나가고 있는 관계이거나 관계 자체로 인한 것이 아닌 것 때문에 힘든 시기를 지나가고 있는 관계는 유지하라. 변화가 가능하며 비현실적이 아니라는 걸 당신이 알 수 있을 때 그 관계를 유지하라. 당신이 할 수 있는 최선을 다했는데도 그 관계가 여전히 역기능적이라는 걸 알 때까지는 유지하라. 바꾸어 말하면, 당신이 깨끗한 양심을 가지고 떠날 수 있을 때까지 유지하라. 당신은 떠나면서 여전히 자신에 대해 좋게 느낄 수 있다. 사랑을 가지고 떠날 수 있을 때까지 유지하라.

나는 사랑을 어떻게 버릴 수 있는가?

우리는 헤어진 파트너를 여전히 사랑하고 있거나 우리가 사랑하는 사람에게서 거부당하고 있다. 이런 관계는 어떻게 극복하는가? 우리들 대부분은 우리를 사랑하지 않는 사람을 사랑한 경험이 있다. 우리들 대부분은 사랑하는 사람과 관계를 맺을 수 없는 게 어떤 것인지를 안다. 우리는 사랑할 수 없고 사랑받을 수 없다는 게 얼마나 말할 수 없이 고통스러운지를 안다. 우리는 그렇게 많은 고통을 느꼈던 어떤 다른 사람이 여전히 살아 있다는 걸 믿을 수 없다. 우리는 이 고통을 벗어나 상대방을 사랑하는 걸 멈추게 되는 게 어떤 건지 상상할 수 없다. 사랑을 버리는 게 가능하며 버리는 과정을 우리가 어느 정도 통제한다는 것을 아는 게 중요하다. 우리가 우리 감정을 통제할 수 없는 반면에 상대방에 대한 우리의 강박관념과 요구는 통제할 수 있다. 우리가 종종 건강한 관계를 그만두는 것보다 역기능적이고 불건강한 관계를 그만두는 것에 더 고통을 느낀다는 건 모순이다. 그 이유는 불건강한 관계는 진정한 사랑에 대한 것이라기보다는 요구에 대한 것이기 때문이다. 우리가 상대방에게 갖는 요구가 클수록 그를 포기하는 건 더 어렵게 느껴진다. 우리는 다른 사람이 아니라 마치 우리 자신의 커다란 부분을 포기하는 것처럼 느낀다. 이런 종류의 관계는 우리가 어디에서 끝나고 상대방이 어디에서 시작하는지 말할 수 없기 때문에 공생적 관계라 부른다. 이것은 마치 우리가 상대방에게 붙어서 떨어지지 않게 된 것 같다가 이제는 떨어져 있고 더 이상 완전함을 못 느끼는 것과 같다. 이런 종류의 관계를 벗어나는 건 불행해 보이지만 실은 행복한 것이다. 왜냐하면 이제는 우리 자신을 다른 사람들과 분리된 것으로, 완전하고 전체적이고 독립적인 것으로 인식하도록 우리가 압력을 받게 될 것이기 때문이다. 우리는 또 다른 사람을 만남으로써 이 과정을 방해할 필요가 없다. 그렇지 않으면 우리는 우리의 자기통합 self-unification을 지연시키고 우리 삶에 고통을 더 주게 될 것이다.

상대방과의 사랑 없이 살 필요가 있다는 사실을 수용함으로써 사랑을 버리는 과정을 시작하라. 이 일은 시간이 걸리고 하룻밤새에 일어나지 않을 것이라는 걸 인정하라. 어느 누군가를 진정으로 사랑하는 데는 시간이 걸리고 그들을 사랑하는 걸 멈추는 데에도 시간이 걸린다. 당신이 상대방을 얼마나 사랑하는가라는 것으로부터 당신이 상대방을 얼마나 필요로 하는가로 당신의 초점을 바꾸고 이러한 요구들을 스스로 충족시키기 시작하라. 만일 사랑받는다고 느끼기 위해서 상대방이 필요했다면 당신 자신을 사랑하는 걸 실천하라. 마치 당신이 당신 자신을 사랑하는 것처럼 행동하고 당신 자신에게 애정 어린 행동을 하라. 만약 섹스가 필요하거든 자위를 하고 사랑했던 사람이 아닌 다른 사람들을 상상하라. 만일 접촉이 필요하거든 마사지를 받거나 친구나 가족에게 많이 안아달라고 요청하라. 만일 교제가 필요하거든 친구를 만나고, 새로운 친구를 만들며, 당신 자신을 확장하고 새로운 취미와 활동을 시작하라. 처음에는 이 모든 일들이 당신이 잃어버린 사람에 대한 빈약한 대체물처럼 느껴질 것이다. 하지만 시간이 지나면 그 일들이 보상해 줄 것이다. 당신 자신에게 슬퍼하는 걸 허락하라. 그리고 날마다 일정 시간 동안 진정으로 슬퍼하는 걸 허락하라. 슬퍼하는 시간을 챙기고 그 시간 동안 마구 상처를 주라. 그리고 당신 자신이 다른 일을 하는 걸 멈추게 하라. 당신이 당신의 상실에 대한 분노와 슬픔을 표현하되 절대로 부치지 않을 편지를 쓰라. 필요할 때 여러 사람들에게 지지를 구하라. 하지만 한 사람이나 두 사람에게 지지와 기대어 울 어깨를 계속 구하진 말라. 이런 방식으로 하면 당신은 그 사람들의 우정을 남용하지 않을 것이고 당신 삶에서 다른 중요한 사람들을 잃을 위험이 없어질 것이다. 오늘과 내일은 끔찍할 것이나 다음 주는 단지 나쁠 뿐이고 지금부터 한 달 후에는 더 좋게 시작할 것이다. 당신이 고통받지 않는 순간에 주목하고 가치를 두라. 왜냐하면 그 순간들이 가장 고통스러운 순간들 사이에 있을 것이기 때문이다. 이런 식으로 당신은 고통에 빠지는 경향을 덜 갖게 될 것이다. 당신에게 일어난 긍정적 일이면 어떤 것이든 그것에 초점을 두고—때때로 우리는 몸무게를 많이 줄이거나 적게 잘 필요가 있거나 더 많은 에너지를 가질 필요가 있다—힘을 다해 이런 긍정적인 일들을 당신을 위해 하라. 불쌍하고 아무것도 하지 않는 것보다 불쌍하지만 어떤 일을 하는 게 더 낫다. 그리고 무엇보다도 파괴적인 행동—약물, 알코올, 과식, 문란한 섹스, 생명을 위협하는 모험들—으로 고통을 감추거나 고통을 부정하지 말라. 감추어진 고통이나 또 다루어지지 않은 고통은 떠나지 않는다. 고통은 당신이 기꺼이 대면할 때까지 어슬렁거린다. 당신의 고통을 다루라. 그 고통은 떠날 것이다. 고통을 피해 숨으면 더 많은 고통을 만들게 될 뿐이다. 당신이 사랑에 빠지기 전에 제 역할을 했었듯이 사랑을 버린 후에도 당신은 제 역할을 할 것이라는 걸 기억하라.

사랑에 빠지는 과정을 거꾸로 해 보는 게 도움이 될 것이다. 그 사람과 사랑에 빠지는 걸 계단 올라가기로 개념화하라. 우리가 사랑에 빠질 때는 그 사람에 대해 좋아하지 않는 것들을 간과하거나 무시하는 경향이 있다. 그것은 마치 우리가 꼭대기사랑하게 되었을 때에 도달했을 때 상대방의 부정적인 특성과 행동 모두를 떨쳐 버리기 위해서 계단을 올라가는 매 순간마다 우리가 좋아하지 않는 것을 난간 밖으로 던지는 것과 같다. 사랑을 버리는 건 같은 계단을 내려오며 우리가 난간 밖으로 던져 버렸던 것들을 찾아오는 것을 의미한다. 이때는 좋아하지 않거나 우리를 지루하게 했던 것들 각각에 초점을 맞춘다. 너무 작은 일이라서 우리의 주목을 받을 수 없는 일이란 없다. 계단의 바닥에 왔을 때 우리는 흠 있는 인간 존재를 다루게 될 것인데 이 사람이 바로 앞에서 우리가 사랑을 거두어들인 사람이다.

상대방과 함께했던 낭만적인 장소와 음악은 피하도록 하라. 지금은 추억의 길을 따라 내려갈 때가 아니다. 왜 당신이 이미 가지고 있는 고통보다 더 많은 고통을 가져오는가? 당신을 고통스러운 기억이 없는 환경이나 상황에 있게 하라. 어느 날 당신은 '당신의 노래'를 들을 수 있고 '당신의 장소'에 있게 될 것이다. 그리고 그것은 괴롭고도 즐거운 것이 될 것이고 당신은 그것을 더 쉽게 다루게 될 것이다. 그러나 지금은 아니다. 지금은 심하게 상처를 줄 뿐이다. 당신 자신을 잘 돌보라.

당신이 상처받고 고통스러울 때 당신은 자신에게 보통 때보다 더 친절해지고 더 많이 사랑할 필요가 있다는 걸 기억하라. 죄를 뒤집어씌우거나 자기비난하는 일을 피하고 당신의 과거 실수에 붙들려 있지 말라. 당신은 인간이고—불완전한—실수를 하게 되어 있다. 실수를 하지 않을 거라는 착각을 가지고는 관계를 유지할 수 없다. 어떤 사람이 당신을 사랑하는 걸 멈추었을 때 그것은 당신이 했던 일보다는 관계가 지금 어떤가와 더 관련 있다. 당신이 다른 사람들을 사랑할 때 당신의 사랑은 그들에게 주는 선물이다. 당신이 사랑받을 때는 어떤 누군가로부터 선물을 받고 있는 것이다. 당신은 다른 사람들이 당신에게 선물을 줄 시기와 방법을 고르는 일에 어떤 영향도 주지 못한다. 당신은 이러한 선물들을 요구하거나 기대할 수 없다. 왜냐하면 그러면 그것들은 더 이상 선물이 아니기 때문이다. 당신은 자신에게서만 사랑받는 선물을 기대할 수 있다. 어떤 사람이 당신을 사랑하는 걸 그만두었을 때 당신 자신을 더 사랑하라. 당신이 어떤 누군가를 사랑하는 걸 그만두었을 때에도 당신 자신을 더 많이 사랑하라. 이것이 당신 안에 있는 사랑받고자 하는 요구를 줄여 줄 것이고 다른 사람들과 공생적 관계를 갖는 걸 막아 줄 것이다.

좋은 대화란 어떤 것인가?

우리는 좋은 대화가 관계에서 중요한 요소라고 들어 왔다. 우리는 대화가 말로 이루어지지만 단지 말하는 것 이상이라는 걸 안다. 너무 많은 커플들이 그들 삶의 많은 부분을 함께 보내면서 많은 말을 하지만 진정으로 대화한다고 느끼지는 않는다. 그런데 말을 아주 적게 하는 것처럼 보이지만 대단히 가깝게 연결되어 있다고 느끼는 반대 유형의 커플들이 있다. 대화란 다른 사람들과 친밀해지는 수단이다. 그것은 소속감을 공유하고 느끼는 방법이다. 좋은 대화란 다른 사람들이 진정으로 우리를 알게 해 주고 우리가 그들을 필요로 할 때 다른 사람들이 피드백을 주고 지지하도록 해 준다. 좋은 대화는 삶의 큰 기쁨 중 하나다. 사회적 관심을 실천하는 건 좋은 대화 기술의 학습을 포함한다.

좋은 대화 기술을 이해하는 핵심어는 기술skill이라는 단어이다. 다른 사람과 대화하는 법을 저절로 아는 일부 운 좋은 사람들도 있다. 그러나 우리들 대부분은 이런 기술을 배워야만 한다. 다행스럽게도 그 기술은 배울 수 있다. 좋은 대화자가 항상 좋은 청취자라는 점은 커다란 모순이다. 좋은 대화자는 말을 잘하는 사람이 아니다. 우리는 말하기는 배웠지만 일반적으로 듣는 건 전혀 배우지 않는다. 효과적인 듣기가 항상 쉬운 건 아니다. 왜냐하면 상대방에 대한 관심, 그리고 많은 집중과 인내를 요구하기 때문이다. 보통 듣기보다는 말하는 게 더 즐겁다. 여기에서의 문제는 대부분의 사람들이 즐겁길 원하고 그래서 주변에 충분히 좋은 청취자가 없다는 점이다. 만일 우리가 다른 사람들이 말하는 걸 진정으로 듣는 걸 실천한다면, 우리는 그것이 얼마나 어색하게 느껴지는지를 발견할 것이다. 그것은 다른 사람들이 하고 있는 말이 완전히 끝날 때까지 기다리는 기술과 우리가 말하고 싶은 것보다는 그들이 말하고 있는 내용에 집중하는 기술을 필요로 한다. 우리는 우리가 들은 말이 그들이 한 말이라고 추측하는 대신에 그들에게서 우리가 들은 말을 그들에게 되풀이해서 말하는 걸 배울 수 있다. 생각하는 걸 멈추고 듣기에 집중하는 건 어렵다. 우리는 이 듣기 과정이 얼마나 다르게 느껴지는지 깜짝 놀라게 된다.

또한 좋은 대화는 문제해결 기술과 지지기술 둘 다를 포함한다. 이 기술들은 서로 다른 시간에 쓰이는 서로 다른 기술이다. 당신은 문제해결 기술—당신이 하는 대화의 대부분이 말하고 있는 것—을 알고 있다. 어떤 사람이 어떤 일에 대해 말하고 당신이 그들에게 당신의 피드백—당신이 생각한 것과 당신이 그들이 처한 상황에 있다면 당신이 할 행동들—을 준다. 예를 들면, 당신 파트너가 "나는 너무 화가 나. 어떻게 할지 모르겠어."라고 말한다. 당신이 "오늘 나도 진짜 화가 났었어. 그래서 그 일에 대해 고함치기로 했어. 당신은 왜 고함치지 않지?" 이것은 문제해결 대화다. 왜냐하면 당신은 상대방에게 할 일을 말해 주었기 때문이다. 다른 예로 당신 남편이 "고속도로에서 휘발유가 떨어져서 늦었어."라고 말하면 당신은 "바보 같긴, 떠나기 전에 연료를 채웠어야지."라고 말한다. 문제해결은 어떤 사람이 당신에게 조언을 청했을 때에만 좋은 대화 형태이다. 문제해결 기술이 갖는 문제는 그것이 너무 쉬워서 아마도 당신이 과도하게 사용할지도 모른다는 점이다. 당신은 요청받기 훨씬 전부터 조언을 가지고 달려들기 쉽다. 당신은 이 기술을 거의 모든 대화에 일반화시키기 쉽고, 그런 뒤 사람들이 때때로 당신에게 부정적으로 반응할 때 놀라게 된다.

지지적 기술은 더욱 드물고 배우기가 훨씬 더 어려운 것 같다. 지지적 대화는 문제해결 대화의 반대이다. 당신이 생각한 것을 말하지 않고 특별히 요청받지 않는 한 조언을 하지 않는다. 요청을 받는 경우라도 당신은 당신 생각을 가지고 달려들기 전에 조언을 하는 것에 대한 상대방의 생각을 알아본다. 지지적 대화는 상대방이 문제해결에 대해 좋게 느끼게 하는 걸 의미한다. 만일 당신이 우리들이 하는 대부분의 대화에 대해 생각한다면, 우리 대화가 우리 자신의 지능이나 능력의 과시를 포함하고 있음을 발견할 것이다. 지지적 대화는 대화의 책임이 거의 전적으로 상대방에게 옮겨 간다. 그것은 상대방이 방해나 이의를 받지 않고 자기가 하고 싶은 모든 말을 하게 해 주는 걸 의미한다. 지지적 대화는 먼저 효과적인 듣기를 포함한다. 그것은 또한 상대방이 한 말을 반영하고 반복하는 걸 의미하기도 한다. 그것은 또한 상대방이 그들 자신을 표현하도록 해 주기 위해 객관적으로 듣고 당신 요구를 지연하는 걸 뜻한다. 그것은 판단, 예측, 가정의 중지를 뜻한다. 그것이 그렇게 어려운 건 이상한 일이 아니다. 예로 당신 파트너가 "나는 너무 화가 나. 어떻게 할지 모르겠어."라고 말한다. 지지적 대화자인 당신은 "화가 난다고?" 혹은 "무얼 하고 싶은데?"라거나 "무엇 때문에 화가 났어?"라고 물을 수 있고, 혹은 하던 일을 멈추고 눈을 쳐다보면서 관심 있고 객관적인 모습으로 비언어적으로 당신의 관심을 나타내고 전혀 말을 하지 않을 수 있다. 지지는 상대방이 당신이 그와 함께 거기에 있음을 알게 하고 당신이 그의 말을 듣고 공격하지 않을 것을 알게 하는 걸 뜻한다. 지지적 대화는 매우 강력하며 지지적 대화를 잘하기 위해서는 자존감이 필요하다. 당신은 오랫동안 지지적일 수는 없을 것이다. 생각보다 빨리 당신 자신의 요구가 대화를 점거할 것이고 대화의 초점을 당신에게 두길 바랄 것이다. 지지적 대화는 대화의 초점을 상대방이 필요로 하는 동안 상대방에게 둔다.

치료자, 컨설턴트, 간호사, 상담이나 사람들을 돕는 일에 전문적으로 관련된 사람들은 그들 직업의 한 부분으로 지지적 대화 기술을 배운다는 점에서 운이 좋다. 이 전문적 기술을 우리가 얼마나 적게 개인적 생활에 적용하는지는 놀랄 정도다. 지지적이 되는 걸 실천하기에 가정환경보다 더 중요한 장소는 없다. 가정에는 우리가 사랑하고 우리를 사랑하는 사람들이 살고 있다. 그리고 여전히 가정은 의심할 바 없이 지지적이 되는 걸 실천하기 가장 어려운 곳이다.

문제해결 대화와 지지적 대화의 비율을 바꾸면 좋은 대화가 더 자주 일어날 것이다. 우리는 아마도 시간의 90% 정도는 문제해결 기술에 사용하고 지지적 기술에는 10% 이하를 사용할 것이다. 만약 우리가 이것을 약 90%의 지지적 대화와 10%의 문제해결 대화로 뒤집을 수 있다면, 이 세상에는 더 많은 사회적 관심이 나타나게 될 것이다. 그리고 우리들 모두는 사람들이 우리의 이야기를 경청하고, 관심 있는 사람들과 함께 있으며, 사회에 속해 있다고 느낄 것이다.

V

맺는말

'자연스러운 행복감' 이란 무엇인가?

이 책의 맨 앞에서 말했듯이, 자연스러운 행복감Natural High은 자존감과 사회적 관심을 갖는 일의 최종산물이다. 자연스러운 행복감은 살아 있음에 대한 순수한 기쁨이다. 그것은 당신이 자신에 대해 갖고 있는 사랑과 당신이 다른 사람들에게 느끼는 사랑을 반영한다. 이 세상에 자연스러운 행복감보다 더 좋은 행복감은 없다. 이것은 모든 사물과 모든 사람들과 하나가 되었다고 느낄 때 당신이 경험하는 것이다. 어떤 사람은 자연스러운 행복감을 '신을 느끼는 것' 으로 묘사하고 다른 사람은 그것을 희열 상태로 묘사한다. 당신이 우주와 연결되어 있다고 느낄 때, 그리고 당신이 전체의 한 부분임을 느낄 때 자연스러운 행복감이 생긴다. 그것은 당신 자신의 선함안에 있는 신과 다른 사람들의 선함, 그리고 이 세상에 있는 아름다움바깥에 있는 신을 인정할 때 생긴다. 그것들은 가장 뜻밖의 시간에 가장 이상한 장소에서 자동적으로 가끔 일어난다. 그것들은 당신이 당신 주위의 기적들에 마음을 열고 있을 때 그리고 당신의 약한 자아를 놓아 너그러이 봐줄 때 일어난다. 대부분의 아동들은 자연스러운 행복감을 갖는데, 그들은 더 쉽게 은총을 입는 상태가 되기 때문이다.

자연스러운 행복감은 당신이 과거나 미래에 초점을 둘 때는 절대로 일어나지 않는다. 그것은 당신이 그것들을 원한다고 해서 일어나지는 않으며, 당신이 그것을 향해 노력한다 해서 일어나지도 않는다. 그것은 하나의 목표가 아니고 신의 선물이다. 자연스러운 행복감을 경험하는 가장 좋은 방법은 자존감과 사회적 관심을 늘 실천하는 것이다. 그것은 자연스러운 행복감에 대해 준비하고 그것이 일어날 때의 경험을 받아들이는 훌륭한 방법이다.

그리고 만일 그것이 오도록 내버려 둔다면 그 일이 당신에게 일어날 것이다. 그러나 당신이 인위적인 행복감의 영향을 받고 있을 때에는 자연스러운 행복감은 일어날 수 없다. 당신이 인위적으로 행복할 때는, 기분 좋게 느끼기 위해 당신의 감정을 좋게 통제하려고 당신 밖에 있는 어떤 것에 의존한다. 자연스러운 행복감은 존재로부터 좋게 느끼는 것이지 당신의 통제 안에 있는 게 아니다.

현재의 당신, 당신의 인간성을 받아들이고 당신의 요구와 무모함을 놓아주고 당신 자신과 다른 사람의 기적을 경험하고, 판단과 비난 없이 현재를 삶으로써 당신은 자연스러운 행복감을 향해 자신을 열어 두게 된다. 당신은 현재의 당신이다. 현재의 당신이 되게 하라. 동시에 당신은 그 이상이다. 그 이상의 당신이 되게 하라. 사랑을 시작하라. 당신은 당신의 자연스러운 행복감을 경험하게 될 것이다. 당신은 우주와 하나가 될 것이다. 당신은 우주에 속하게 될 것이다. 당신은 당신의 선함과 당신의 독실함을 알게 될 것이다.

더 읽을거리

철학

Campbell, Joseph. *The Power of Myth*. New York: Doubleday, 1988.

Castaneda, Carlos. *The Teachings of Don Juan: A Yaqui Way of Knowledge*. New York: Pocket Books, 1968. (All of the Don Juan series)

Golding, William. *Lord of the Flies*. New York: Coward-McCann, Inc., 1962.

Peck, M. Scott. *People of the Lie*. New York: Simon & Schuster, Inc., 1985.

Smith, Cyprian. *The Way of Paradox*. New York: Paulist Press, 1985.

Wilber, Ken. *No Boundary*. Boulder & London: Shambala, 1981.

자존감

Bradshaw, John. *Homecoming*. New York: Bantam Books, 1990.

O'Connell, Walter. *Super Natural Highs*. Chicago: North American Graphics, 1979.

Peck, M. Scott. *The Road Less Traveled*. New York: Simon & Schuster, Inc., 1978.

Yalom, Irvin D. *Love's Executioner and Other Tales of Psychotherapy*. New York: Basic Books, Inc., 1989.

사회적 관심

Beattie, Melody. *Beyond Codependency*. New York: Harper/Hazelden Books, 1989.

Greeley, Andrew M. *Sexual Intimacy: Love and Play*. New York: Warner Books, 1988.

Lazarus, Arnold A. *Marital Myths*. San Luis Obispo: Impact Publishers, 1988.

지은이

Susanna McMahon

미국 휴스턴 대학에서 공부했으며, 스페인 마드리드의 지역 정신건강 프로그램의 책임자로 일했다. 그녀는 현재 경영학 교수이자 컨설턴트인 남편 Timothy McMahon과 함께 휴스턴에 살고 있으며, 책을 저술하고 워크숍을 개최하며 바쁘게 지내면서도 세 딸, 고양이 세 마리와 함께 행복한 삶을 누리고 있다.

옮긴이

송길연

서울대학교 대학원 심리학과 졸업(석사)

중앙대학교 대학원 심리학과 졸업(박사)

세종대학교 겸임교수, 서울대학교 · 중앙대학교 · 충북대학교 강사 역임

현재 한국 심리학회 산하 발달심리학회 전문가 자격관리위원, 가톨릭대학교 · 춘천교육대학교 강사, 아이캔! 인지학습발달센터 공동대표

유봉현

서울대학교 심리학과 졸업(학사)

서울대학교 대학원 심리학과 졸업(석사)

현재 데이터서비스 코리아 대표, 아이캔! 인지학습발달센터 공동대표